MA CUISINE
AU QUOTIDIEN

MA CUISINE AU QUOTIDIEN

CHRISTIAN CONSTANT

ILLUSTRATIONS DE
FRANÇOIS LACHÈZE

minerva

SOMMAIRE

ENTRÉES 6

    LES SOUPES 8

    LE FOIE GRAS 18

    LES LÉGUMES 24

    LES POISSONS 32

LÉGUMES ET PÂTES 44

COQUILLAGES ET POISSONS 64

VOLAILLES ET VIANDES 82

PLATS UNIQUES 102

DESSERTS 116

INDEX DES RECETTES 141

ENTRÉES

BOUILLON D'HERBES POTAGÈRES

POUR 6 PERSONNES

INGRÉDIENTS :

3 carottes
2 courgettes
150 g de champignons de Paris
2 branches de céleri
3 oignons
2 navets ronds
1/4 de chou vert
500 g de tomates
2 poireaux
1 bulbe de fenouil
40 cl de crème liquide

5 graines de cardamome
sel fin
gros sel
poivre du moulin

PURÉE D'HERBES :
2 bottes de cerfeuil
3 bottes d'aneth
2 bottes d'estragon
2 bottes de persil plat
gros sel

PRÉPARATION : 15 MINUTES

➡ Préparer le bouillon : éplucher tous les légumes, les tailler en petits dés de 1 cm environ. Mettre dans une casserole et mouiller avec 3,5 litres d'eau. Saler légèrement, ajouter la cardamome.

➡ Laisser cuire à petits bouillons 45 minutes. Passer au chinois au-dessus d'une autre casserole et mélanger la crème liquide au bouillon ainsi obtenu. Faire cuire à nouveau pendant 10 à 15 minutes à feu doux. Rectifier l'assaisonnement et réserver.

➡ Préparer la purée d'herbes : effeuiller et laver le cerfeuil, l'aneth, l'estragon et le persil. Plonger 5 minutes dans de l'eau bouillante salée. Rafraîchir, égoutter et passer au mixeur afin d'obtenir une purée bien lisse.

➡ Avant de servir, mélanger le bouillon avec la purée d'herbes. Verser dans une soupière.

POTAGE TOMATES, VERMICELLE

ET YEUX D'HUILE D'OLIVE

POUR 6 PERSONNES

INGRÉDIENTS :

6 grosses tomates rouges bien mûres
3 pommes de terre
1 oignon
1,5 litre d'eau
4 cuillerées à soupe de vermicelle
2 cuillerées à soupe d'huile d'olive
sel
poivre du moulin

PRÉPARATION : 10 MINUTES

➥ Éplucher les pommes de terre et l'oignon, les laver avec les tomates et couper l'ensemble grossièrement. Faire cuire le tout dans l'eau salée et poivrée pendant 35 minutes à feu doux.

➥ Passer au moulin à purée, ajouter le vermicelle et faire cuire à nouveau 10 minutes. Vérifier l'assaisonnement.

➥ Verser dans une soupière, ajouter les 2 cuillerées d'huile d'olive et servir ainsi. Il ne faut surtout pas faire chauffer l'huile d'olive, car elle risque de perdre de sa saveur.

Astuce :

Si les tomates ne sont pas assez mûres, ajouter une cuillerée à café de concentré de tomate en début de cuisson.

CRÈME DE LENTILLES

AU LARD FUMÉ

POUR 6 PERSONNES

INGRÉDIENTS :

1 kg de lentilles
1 oignon
1 clou de girofle
1 carotte
6 gousses d'ail
200 g de poitrine fumée
1 litre de fond blanc de volaille
50 cl de crème fraîche liquide
2 tranches de pain de mie
2 cuillerées à soupe de beurre

1 botte de ciboulette
sel fin
poivre du moulin

BOUQUET GARNI :
1 poireau
1 queue de persil
thym
laurier

PRÉPARATION : 15 MINUTES

➥ Éplucher oignon, carotte et ail, piquer l'oignon d'un clou de girofle et mettre le tout dans une casserole. Ajouter les lentilles préalablement rincées et égouttées, le bouquet garni, la poitrine fumée avec sa couenne. Recouvrir d'eau, faire bouillir puis égoutter.

➥ Ajouter le fond blanc de volaille, laisser cuire 40 minutes. Retirer la garniture, sauf l'ail. Verser la crème liquide et faire cuire encore 10 minutes. Saler, poivrer, passer au presse-purée puis au chinois.

➥ Préparation du mélange aromatique : ciseler la ciboulette. Tailler la poitrine fumée en tout petits dés puis colorer dans une poêle anti-adhésive et égoutter dans une passoire.

➥ Tailler les tranches de pain de mie en tout petits croûtons. Poêler au beurre et égoutter.

➥ Dresser la crème de lentille bien chaude en soupière, puis parsemer au dernier moment de croûtons, ciboulette et poitrine fumée.

CRÈME DE HARICOTS TARBAIS GLACÉE ET PARFUMÉE AU ROMARIN

POUR 6 PERSONNES

INGRÉDIENTS :

1 kg de haricots tarbais écossés
1 oignon
1 clou de girofle
1 carotte
3 gousses d'ail
200 g de poitrine fumée
1 litre de fond blanc de volaille
50 cl de crème liquide
2 tranches de pain de mie
100 g de beurre clarifié
1 botte de ciboulette

1 branche de romarin
50 g de truffes hachées (facultatif)
sel fin
poivre du moulin

BOUQUET GARNI :
1 poireau
1 queue de persil
thym
laurier

PRÉPARATION : 15 MINUTES

➡ Éplucher l'oignon, la carotte et l'ail. Piquer l'oignon d'un clou de girofle et mettre le tout dans une casserole. Ajouter les haricots préalablement lavés et égouttés, le bouquet garni et la poitrine fumée.

➡ Ajouter le fond blanc de volaille et la crème liquide. Saler, poivrer. Faire cuire à feu doux 1 heure 30 en écumant régulièrement.

➡ Conserver les haricots. Passer le reste au chinois en pressant légèrement avec une louche. Laisser refroidir et réserver au réfrigérateur.

➥ Préparer le mélange aromatique : ciseler la ciboulette, hacher finement le romarin.

➥ Préparer les croûtons : tailler les tranches de pain de mie en petits dés, poêler au beurre clarifié. Égoutter.

➥ Avant de servir, présenter la crème de haricots très froide dans une soupière, répartir dans des bols de service les éventuelles truffes hachées, la ciboulette, le romarin et les croûtons.

CRÈME DE POTIRON

AUX DÉS DE FROMAGE

POUR 4 PERSONNES

INGRÉDIENTS :

1 kg de potiron
1 oignon
125 g de beurre
75 cl de fond blanc de volaille
2 tranches de pain de mie
100 g de beurre clarifié
50 cl de crème liquide
150 g de gruyère
1 botte de ciboulette
1 branche de romarin
sel, poivre du moulin

PRÉPARATION : 10 MINUTES

➥ Préparer la crème de potiron : éplucher le potiron, couper la chair en dés. Si on souhaite utiliser l'écorce pour servir la crème, prélever la chair à l'aide d'une cuillère à soupe.

➥ Dans une marmite, faire revenir l'oignon ciselé dans 25 g de beurre. Ajouter la chair de potiron, le fond blanc de volaille et la crème. Saler, poivrer et laisser cuire pendant 25 à 30 minutes à feu doux. Passer le tout au mixeur puis au chinois, monter avec les 100 g de beurre.

➥ Préparer les croûtons : tailler les tranches de pain de mie en petits dés, poêler au beurre clarifié. Égoutter.

➥ Avant de servir, verser la crème dans une soupière et déposer le fromage coupé en dés ainsi que les croûtons, parsemer de ciboulette ciselée et de romarin haché.

BOUILLON DE LANGOUSTINES

POUR 6 PERSONNES

INGRÉDIENTS :

1 kg de têtes de langoustines
1 oignon
2 échalotes
2 tomates
1 cuillerée de concentré de tomate
5 cl de bouillon de poule
1 dl de crème fraîche
100 g de queues de persil
50 g de beurre
huile d'olive
sel
poivre du moulin

PRÉPARATION : 10 MINUTES

➤ Faire revenir les langoustines à l'huile d'olive avec l'oignon et les échalotes émincés, les tomates fraîches coupées en morceaux et les queues de persil.

➤ Ajouter le concentré de tomate et le bouillon de poule. Laisser cuire 20 minutes environ. Passer au chinois, ajouter la crème fouettée et mixer. Assaisonner de sel et de poivre.

Cette recette permet de cuisiner les têtes de langoustines généralement pas utilisées.

SOUPE DE MORUE SALÉE, POIREAUX ET POMMES DE TERRE, RELEVÉE AU CHORIZO

POUR 6 PERSONNES

INGRÉDIENTS :

240 g de morue salée
200 g de pommes de terre
240 g de poireaux
huile d'olive
25 cl de crème fleurette
12 rondelles de chorizo
18 rondelles de pain baguette
1 tête d'ail

PRÉPARATION : 15 MINUTES

➡ La veille : mettre la morue dans un récipient, couvrir d'eau de façon à la dessaler.

➡ Éplucher et laver soigneusement les poireaux et les pommes de terre, les tailler finement. Dans une casserole profonde, les faire suer 2 à 3 minutes avec une cuillerée d'huile d'olive, puis ajouter la morue coupée en morceaux. Couvrir avec 25 cl de crème et laisser cuire tout doucement pendant 30 minutes.

➡ Une fois la cuisson terminée, la passer au moulin à purée. Redonner une ébullition au potage, vérifier l'assaisonnement, parsemer de chorizo coupé le plus finement possible.

➡ Servir accompagné de croûtons de baguette grillés et frottés d'ail.

BOUILLON DE POULE

AUX CHÂTAIGNES ET FOIE GRAS

POUR 6 PERSONNES

INGRÉDIENTS :

1 litre de bouillon de poule
200 g de châtaignes
300 g de foie gras de canard cru
100 g de haricots coco
1/4 de chou vert
50 g de beurre
200 g de cèpes
1 cuillerée à soupe de graisse d'oie
1 oignon
1 cuillerée à soupe de persil

sel de Guérande
poivre du moulin

GARNITURE POUR LES HARICOTS :
oignons
carottes
ail
bouquet garni
1 branche de céleri

PRÉPARATION : 15 MINUTES

➥ Nettoyer les cèpes. Faire cuire les haricots avec la garniture pendant 1 heure 30, récupérer les carottes. Faire cuire les châtaignes avec l'eau, le beurre, le sel et la branche de céleri pendant 30 minutes.

➥ Faire suer avec de la graisse d'oie les cèpes en gros dés, l'oignon ciselé, ajouter les carottes en petits dés, le chou en lanières. Verser 2 verres de bouillon de poule et laisser réduire complètement. Parsemer d'une cuillerée à soupe de persil frais haché.

➥ Détailler le foie gras en 6 escalopes. Dans le bouillon de poule, les faire cuire 2 minutes. Dans une assiette à soupe, disposer la garniture de légumes et les escalopes.

➥ Mixer les châtaignes avec le restant de bouillon. Verser dans des assiettes à soupe, assaisonner de sel de Guérande et de poivre.

TERRINE DE FOIE GRAS DE CANARD

POUR 4 PERSONNES

INGRÉDIENTS :

**300 g de foie gras de canard cru
3 cl de bon cognac
12 g de sel
3 g de poivre ou 3 tours de moulin de cinq baies**

PRÉPARATION : 10 MINUTES

➡ Dénerver le foie gras. Le faire macérer durant 12 heures dans un récipient hermétique ou dans une terrine avec le sel, le poivre et le cognac.

➡ Avant la cuisson, chauffer le four à 210 °C (thermostat 7). Faire cuire la terrine 40 minutes au bain-marie. Sortir la terrine et laisser refroidir.

➡ Faire reposer une nuit au réfrigérateur. Déguster dans les 48 heures.

CARPACCIO DE FOIE DE CANARD MARINÉ

POUR 6 PERSONNES

INGRÉDIENTS :

500 ou 600 g de foie gras cru de canard des Landes
250 g de gros sel
40 g de poivre concassé
1 brin de thym
1 feuille de laurier
1 gousse d'ail
vinaigrette
20 g de poivre noir du moulin

PRÉPARATION : 10 MINUTES

➡ Prendre le foie et lui retirer le fiel. Le poser sur une plaque et le rouler dans le gros sel et le poivre concassé, ajouter le thym, le laurier et l'ail. Recouvrir d'une feuille de papier film ou bien d'un torchon humide. Le laisser ainsi 24 heures au réfrigérateur.

➡ Au bout de 24 heures, laver le foie et le rincer à l'eau courante de façon à retirer le sel et le poivre. Lorsqu'il est bien rincé, le sécher soigneusement avec un torchon, puis le parsemer de poivre moulu et le laisser ainsi quelques heures.

➡ Au moment de servir, tailler le foie en tranches très fines qui seront disposées sur une assiette. Assaisonner légèrement de vinaigrette et servir.

➡ On peut accompagner cette recette d'une salade comme la mâche. On peut également servir le foie à l'apéritif sur des petits toasts de pain de campagne.

FOIE GRAS DE CANARD AUX RAISINS

POUR 6 PERSONNES

INGRÉDIENTS :

600 g de foie gras de canard cru
1 grappe de raisin chasselas de Moissac
2 cuillères à soupe de sucre en poudre
1 verre de muscat
25 cl de fond de canard
sel
poivre

PRÉPARATION : 15 MINUTES

➡ Préchauffer le four à 220 °C (thermostat 7/8). Détailler le foie gras en escalopes, saler et poivrer.

➡ Poser les escalopes de foie gras dans un plat à gratin, mettre au four et faire cuire 3 minutes de chaque côté. Après cuisson, retirer l'excédent de graisse. Disposer les tranches sur un papier absorbant puis sur le plat de service.

➡ Dans le plat de cuisson, verser le sucre en poudre et les grains de raisin, laisser caraméliser légèrement.

➡ Ajouter le verre de muscat puis le fond de canard. Faire cuire 5 à 6 minutes, rectifier l'assaisonnement et verser la sauce sur les escalopes de foie gras.

FOIE GRAS CONFIT

POUR 6 PERSONNES

INGRÉDIENTS :

600 g de foie gras de canard cru
1 boîte de graisse de canard 4/4
2 clous de girofle
1 gousse d'ail
100 g de panaché de salade
50 g de noix fraîches
100 g de gelée de canard (facultatif)
1/2 botte de cerfeuil
20 cl de vinaigrette
100 g de sel de Guérande
20 g de poivre noir concassé frais (dit mignonnette)
1 cuillerée à café de poivre en grains

PRÉPARATION : 10 MINUTES

➡ Retirer le fiel du foie de canard à l'aide d'un couteau d'office. Assaisonner le foie en saupoudrant de sel de Guérande et de poivre mignonnette. Mettre à mariner pendant 24 heures.

➡ Essuyer le foie délicatement pour retirer l'excédent de sel et de poivre. Faire cuire dans la graisse de canard froide mais huileuse. Ajouter les clous de girofle, la gousse d'ail, le poivre en grains. Monter la température jusqu'à 70 °C environ pendant 1 heure 30.

➡ Laisser reposer le foie une journée minimum dans sa graisse. Le retirer, bien l'essuyer, parsemer de sel de Guérande et de poivre mignonnette.

➡ Couper quelques escalopes de foie gras de canard et les disposer harmonieusement ainsi que la salade assaisonnée. Décorer avec des noix, la gelée de canard et le cerfeuil.

FOIE GRAS DE CANARD POÊLÉ

AU PAIN D'ÉPICES

POUR 6 PERSONNES

INGRÉDIENTS :

1 lobe de foie gras de canard cru
150 g de pain d'épices
2 jaunes d'œufs
1 salade trévise
1 salade frisée
200 g de tétragone
2 échalotes
1/4 de botte de cerfeuil
1/4 de botte de ciboulette
1/4 de botte d'estragon

1 pomme taillée en bâtonnets
60 g de betterave
taillée en bâtonnets
vinaigrette
sel
poivre du moulin

SAUCE :
10 cl de vinaigre de xérès
60 cl de jus de veau

PRÉPARATION : 15 MINUTES

➡ Préparer les différentes salades avec les herbes, le tétragone épluché et lavé. Ciseler les échalotes.

➡ Couper le foie gras en 6 tranches, saler et poivrer. Préchauffer le four à 210 °C (thermostat 7). Réaliser une chapelure de pain d'épices.

➡ Dans un plat allant au four, faire cuire les tranches de foie gras 4 minutes de chaque côté. Battre les jaunes d'œufs et y tremper le foie gras, égoutter et parsemer de chapelure de pain d'épices. Retirer les tranches de foie gras ; réserver.

➡ Dégraisser le plat, déglacer avec le vinaigre de xérès, ajouter le jus de veau, laisser cuire 5 à 6 minutes. Rectifier l'assaisonnement et filtrer dans une passoire fine.

➥ Poêler les tranches de foie gras, 2 minutes de chaque côté.

➥ Assaisonner la salade, mélanger avec les échalotes et la vinaigrette. Disposer la salade, parsemer de bâtonnets de pomme fruit et de betterave. Poser le foie gras à côté. Verser le jus autour.

TARTE À LA TOMATE CONFITE

POUR 6 PERSONNES

INGRÉDIENTS :

1 kg de tomates de Marmande
300 g de pâte feuilletée
4 oignons
1 trait de vinaigre de xérès
20 cl d'huile d'olive
2 gousses d'ail
thym
laurier
50 g de parmesan
100 g de filets d'anchois salés
100 g d'olives noires
fleur de sel de Guérande
poivre du moulin

PRÉPARATION : 12 MINUTES

➥ Préchauffer le four à 180 °C (thermostat 6). Pendant ce temps, abaisser la pâte feuilletée. Lorsque le four est chaud, la faire cuire entre deux plaques à pâtisserie pendant 6 à 8 minutes, puis détailler sur un grand cercle.

➥ Éplucher les oignons, les émincer très finement et les faire mijoter avec 2 cuillerées à soupe d'huile d'olive sur feu doux en leur donnant une légère coloration blonde. Déglacer d'un trait de vinaigre de xérès, puis réserver. Éplucher et hacher une gousse d'ail.

➥ Monder les tomates, les épépiner et détailler des pétales dans la chair. Placer ces derniers sur la plaque du four, les arroser d'huile d'olive, saupoudrer de sel, de poivre, d'ail haché, de thym et de laurier. Enfourner et faire confire pendant 2 heures à 60 °C (thermostat 2 et porte du four entrouverte).

➥ Râper le parmesan en gros copeaux et préparer la tapenade : hacher la seconde gousse d'ail, un filet d'anchois et les olives, passer au mixeur et monter à l'huile d'olive.

➥ Étaler la compote d'oignon sur le cercle de pâte feuilletée, ranger en rosace les pétales de tomate et quelques filets d'anchois et parsemer de copeaux de parmesan. Passer au four à 180 °C (thermostat 6) pendant 3 minutes puis dresser la tapenade sur une assiette. Assaisonner en donnant 2 tours de moulin à poivre.

RÉMOULADE DE CÉLERI-RAVE
AU PERSIL PLAT

POUR 6 PERSONNES

INGRÉDIENTS :

1 petite boule de céleri-rave
1/2 jus de citron
sel de Guérande
poivre du moulin

MAYONNAISE :
1 cuillerée à soupe de moutarde
1 jaune d'œuf
1 cuillerée à soupe de persil plat
1 cuillerée à soupe de vinaigre de vin
25 cl d'huile d'arachide
sel
poivre du moulin

PRÉPARATION : 8 MINUTES

➡ Éplucher le céleri, le râper puis le citronner pour éviter qu'il ne s'oxyde. Laver les feuilles de persil, sécher, mixer le persil.

➡ Réaliser la mayonnaise en mélangeant d'abord le jaune d'œuf, la moutarde, le vinaigre, le sel et le poivre tout en versant peu à peu l'huile. Incorporer le persil.

➡ Dans un saladier, mélanger le céleri-rave et la mayonnaise verte. Vérifier l'assaisonnement.

ARTICHAUTS POIVRADE
À L'HUILE D'OLIVE

POUR 4 PERSONNES

INGRÉDIENTS :

16 artichauts poivrade
3 cuillerées à soupe d'huile d'olive (1re pression)
2 gousses d'ail
1 échalote
1 cuillerée à café de coriandre en grain
1/2 verre de vin blanc
1 verre à vin de fond de volaille
1 cuillerée à soupe de vinaigre balsamique
1 cuillerée à soupe de fines herbes (cerfeuil, ciboulette, persil plat)
1 citron
sel
poivre

PRÉPARATION : 8 MINUTES

➥ Retirer toutes les feuilles et le foin des artichauts poivrade. Ne garder que les cœurs d'artichauts. Les réserver dans de l'eau légèrement citronnée.

➥ Après les avoir bien égouttés, les tailler en 6 ou 8 morceaux selon la grosseur et les faire revenir à l'huile d'olive pendant 5 à 6 minutes. Ajouter l'ail haché, l'échalote ciselée et la coriandre, et déglacer avec le vin blanc et le fond de volaille. Laisser mijoter pendant 5 minutes.

➥ Disposer 4 artichauts dans chaque assiette, arroser avec le vinaigre balsamique, le jus de cuisson et un filet d'huile d'olive. Saler, poivrer au bon goût. Parsemer de fines herbes.

FONDS D'ARTICHAUTS, PURÉE DE CÉLERI À LA MOELLE

POUR 6 PERSONNES

INGRÉDIENTS :

6 fonds d'artichauts
1 boule de céleri-rave
1 oignon
6 belles rondelles de moelle
100 g de lardons
1 tranche de pain de mie
1 citron
3 cuillerées à soupe d'huile d'olive
2 cuillerées à soupe de beurre
2 cuillerées à soupe de crème fraîche
2 verres de vin blanc
10 cl de jus de volaille
1 litre de bouillon de volaille
sel de Guérande, poivre du moulin

PRÉPARATION : 15 MINUTES

➥ Tourner les fonds d'artichauts, retirer le foin, réserver dans de l'eau citronnée.

➥ Éplucher la boule de céleri-rave et la couper en petits dés. Éplucher et émincer l'oignon, faire revenir avec 2 cuillerées à soupe d'huile d'olive, ajouter le céleri-rave, une noix de beurre et mouiller avec 50 cl de bouillon de volaille.

➥ Laisser cuire 30 minutes environ, puis passer au presse-purée. Ajouter la crème fraîche et une noix de beurre. Assaisonner et réserver au chaud.

➥ Faire revenir les fonds d'artichauts avec une cuillerée à soupe d'huile d'olive, déglacer au vin blanc puis ajouter 50 cl de bouillon de volaille. Assaisonner et laisser cuire 30 minutes environ. Garder au chaud.

➥ Tailler et faire sauter les lardons, couper en petits dés le pain de mie, puis colorer dans du beurre, retirer quand ils ont une belle coloration.

➥ Dans de l'eau, pocher les rondelles de moelle 2 à 3 minutes. Garnir les fonds d'artichauts de purée de céleri-rave bien chaude et disposer la moelle par-dessus. Assaisonner de sel de Guérande et de poivre du moulin. Parsemer de croûtons et de lardons. Verser autour le jus de volaille bien chaud et un trait d'huile d'olive.

BEIGNETS DE LÉGUMES À LA TEMPURA, SAUCE TARTARE AU SOJA

POUR 8 PERSONNES

INGRÉDIENTS :

600 g de tempura
(pâte à beignet thaïlandaise)
1 poivron vert, 1 poivron rouge
1 aubergine ferme
1 courgette longue
1 feuille de basilic
2 litres d'huile d'olive
sel, poivre du moulin

SAUCE TARTARE :
1 cuillerée à soupe de câpres
1 cuillerée à soupe de cornichons
1 cuillerée à soupe de persil
2 œufs durs
25 cl de mayonnaise
2 cuillerées à soupe de sauce soja

PRÉPARATION : 10 MINUTES

➥ Pour la sauce tartare : hacher les câpres, les cornichons, les œufs durs et le persil. Mélanger à la mayonnaise.

➥ Mélanger, sans faire de grumeaux, les 600 g de tempura avec 600 g d'eau ; réserver au froid.

➥ Tailler des bâtonnets réguliers avec les poivrons, l'aubergine et la courgette, les assaisonner de sel et de poivre. Chauffer l'huile d'olive. Tremper chaque bâtonnet de légume dans l'appareil à beignet, puis les plonger dans l'huile chaude. Faire de même pour le basilic.

➥ Lorsque les beignets prennent une belle coloration, les retirer et les égoutter sur un linge ou du papier absorbant. Assaisonner de sel et de poivre et servir aussitôt, accompagnés de la sauce tartare. Ajouter la sauce soja.

FRICASSÉE D'ASPERGES VERTES À L'ŒUF MOLLET ET CASSÉ

POUR 6 PERSONNES

INGRÉDIENTS :

1,8 kg d'asperges vertes
moyennes
200 g de lardons fumés
200 g de moelle
2 dl de jus de volaille
6 œufs frais
100 g de pain de mie
1 cuillerée à soupe de beurre
fleur de sel de Guérande

PRÉPARATION : 10 MINUTES

➡ Éplucher les asperges et les couper en bâtonnets de 3 cm de longueur environ.

➡ Couper la moelle en dés de 1/2 cm environ, la faire cuire au beurre avec les lardons, et déglacer au jus de volaille. Laisser cuire 5 à 6 minutes environ.

➡ Faire cuire les œufs mollets (5 minutes à l'eau bouillante), les rafraîchir et les écaler. Tailler le pain de mie en petits croûtons et faire sauter au beurre.

➡ Dresser en assiette creuse la fricassée d'asperges, l'œuf mollet tiède dessus, 1 pincée de fleur de sel de Guérande, et parsemer de croûtons.

ANCHOIS MARINÉS

AU SEL DE GUÉRANDE

POUR 4 PERSONNES

INGRÉDIENTS :

800 g d'anchois frais
2 petits oignons nouveaux
1 cuillerée à café d'ail
1 cuillerée à soupe de persil plat
1 piment d'Espelette
3 citrons
sel de Guérande
poivre de moulin

PRÉPARATION : 10 MINUTES

➡ Nettoyer et laver les anchois. Les ouvrir et les étaler sur un linge. Émincer finement les oignons, l'ail, le persil plat et le piment d'Espelette.

➡ Sur une assiette verser la moitié du jus des citrons, le sel et le poivre. Disposer les filets d'anchois, parsemer d'oignon, d'ail, de piment et de persil plat.

➡ Ajouter le reste du jus de citron. Assaisonner de sel et de poivre, laisser mariner au réfrigérateur 30 minutes minimum.

PAPILLOTE DE MOULES DIEPPOISES

POUR 6 PERSONNES

INGRÉDIENTS :

1,2 kg de moules dieppoises
3 échalotes
2 gousses d'ail
1 cuillerée à soupe de persil plat
2 brindilles de thym
1/4 de feuille de laurier
1/2 verre de vin blanc
2 cuillerées à soupe d'huile d'olive
1 cuillerée à soupe de beurre
1/2 citron
poivre du moulin

PRÉPARATION : 10 MINUTES

➥ Laver et nettoyer les moules à l'eau froide. Sur une feuille de papier aluminium rectangulaire, disposer les moules.

➥ Parsemer d'échalotes ciselées, d'ail et de persil hachés, de thym, de laurier, arroser de vin blanc, d'huile d'olive, de beurre, de citron et donner quelques tours de poivre du moulin.

➥ Replier le papier en forme de papillote. Préchauffer le four à 200 °C (thermostat 7) et faire cuire pendant 8 minutes.

➥ Poser sur une assiette et ouvrir la papillote au dernier moment pour bénéficier de tous les arômes.

Astuce :

Ne pas serrer les moules quand on referme avec le papier aluminium, car elles s'ouvrent à la cuisson.

PAPILLOTE DE PALOURDES AU THYM

POUR 4 PERSONNES

INGRÉDIENTS :

800 g de palourdes
3 échalotes
2 gousses d'ail
1 cuillerée à soupe de persil plat
2 brindilles de thym
1/4 de feuille de laurier
1/2 verre de vin blanc
2 cuillerées à soupe d'huile d'olive
1 cuillerée à soupe de beurre
1/2 citron
poivre du moulin

PRÉPARATION : 5 MINUTES

➥ Laver et nettoyer les palourdes à l'eau froide. Sur une feuille de papier aluminium rectangulaire, disposer les palourdes.

➥ Parsemer d'échalotes ciselées, d'ail et de persil hachés, de thym, de laurier, arroser de vin blanc, d'huile d'olive, de beurre, de citron et donner quelques tours de poivre du moulin.

➥ Replier le papier en forme de papillote. Préchauffer le four à 210 °C (thermostat 7) et faire cuire pendant 8 minutes.

➥ Poser sur une assiette et ouvrir la papillote au dernier moment pour bénéficier de tous les arômes.

Astuce :

Ne pas serrer les palourdes quand on referme avec le papier aluminium car elles s'ouvrent à la cuisson.

HUÎTRES AU GRANITÉ DE LEUR JUS ET POÊLÉE DE CHIPOLATAS

POUR 6 PERSONNES

INGRÉDIENTS :

36 huîtres
1 citron
18 petites chipolatas
1 branche de thym
1 gousse d'ail
3 échalotes
1 botte de ciboulette

SALADE D'HERBES :
1/4 de botte de cerfeuil
1/4 de botte d'estragon
1/4 de botte de persil plat
1 cl de vinaigrette de xérès
(voir recette page 40)

PRÉPARATION : 15 MINUTES

➥ Préparer le granité : sortir les huîtres de leur coquille en conservant le jus et les réserver au réfrigérateur. Conserver les coquilles, filtrer le jus au chinois et le mélanger au jus du citron. Verser dans un récipient plat et laisser durcir au freezer.

➥ Préparer la salade d'herbes : effeuiller, laver et hacher les herbes (sauf la ciboulette). Mélanger le tout et assaisonner de vinaigrette de xérès.

➥ Poêler les chipolatas avec le thym et la gousse d'ail entière. Gratter à la fourchette le jus d'huîtres durci afin d'obtenir un granité. Ajouter échalotes et ciboulette ciselées. Réserver au freezer.

➥ Avant de servir, poser 6 coquilles d'huîtres dans chaque assiette, répartir au fond 1 cuillerée de salade d'herbes puis disposer les mollusques. Au dernier moment, poser une cuillerée à café de granité sur chaque huître.

➥ Présenter les chipolatas dans un plat de service.

HUÎTRES EN GELÉE

AU CONFIT D'ÉCHALOTES

POUR 6 PERSONNES

INGRÉDIENTS :

36 huîtres
6 échalotes
25 cl d'huile d'olive
1 œuf
1 citron
1/2 concombre
1 cuillerée à soupe de crème froide
2 feuilles de gélatine
1 verre de vin blanc sec
1 cuillerée à soupe de persil
gros sel

PRÉPARATION : 10 MINUTES

➥ Éplucher les échalotes et les confire dans 25 cl d'huile d'olive : les recouvrir d'huile et faire cuire pendant 1 heure à 70 °C ; réaliser une purée.

➥ Ouvrir les huîtres, réserver le jus, passer à la passoire fine. Détacher les huîtres de la coquille. Les garder sur un linge absorbant au frais.

➡ Faire cuire l'œuf dur et hacher le blanc et le jaune séparément.

➡ Tailler la peau du citron en brunoise et la faire cuire 2 minutes dans de l'eau salée, égoutter et refroidir. Éplucher le concombre et le tailler en tout petits dés. Assaisonner la crème avec le jus du citron.

➡ Mettre la gélatine à tremper dans un bol d'eau froide pendant 10 minutes environ.

➡ Faire chauffer le jus d'huîtres et le vin blanc, ajouter la gélatine pressée et remuer à la spatule, ajouter le persil haché.

➡ Dans la coquille, mettre une cuillerée d'échalotes, une huître et parsemer de brunoise de concombre, de citron et d'œuf. Recouvrir l'huître de gelée refroidie (mais non prise) et d'une cuillerée de crème de citron. Réserver au frais sur un lit de gros sel.

FILET DE LISETTE, SALADE DE POMMES RATTE, SAUCE RAIFORT

POUR 4 PERSONNES

INGRÉDIENTS :

8 lisettes de 200 g
150 g de pommes de terre ratte
3 oignons nouveaux
1 carotte
2 échalotes
1 botte de ciboulette
1 cuillerée à café
de vinaigre balsamique
pluches de cerfeuil
gros sel

SAUCE RAIFORT :
2 cuillerées à soupe de mayonnaise

5 cuillerées à soupe de crème
liquide
2 cuillerées à café de raifort
1 cuillerée à café
de vinaigre de xérès
sel
poivre du moulin

SAUCE VINAIGRETTE :
3 cuillerées à soupe d'huile d'olive
1 cuillerée à café de vinaigre
1 pincée de sel
2 tours de moulin à poivre

PRÉPARATION : 10 MINUTES

➡ Faire cuire les pommes de terre en robe des champs. Lever en filet les lisettes, les poêler et les assaisonner.

➡ Émincer les oignons et la carotte en rondelles. Les faire cuire dans l'eau salée, les égoutter. Les mélanger avec la vinaigrette, les échalotes, la ciboulette et les pommes de terre. Assaisonner de bon goût.

➡ Confectionner le sauce raifort en incorporant à la mayonnaise la crème liquide, le raifort, le vinaigre de xérès, le sel et le poivre.

➡ Sur le dessus, disposer les lisettes, la sauce raifort autour. Décorer avec le vinaigre balsamique et quelques pluches de cerfeuil.

ÉMINCÉ DE SAINT-JACQUES CUITES AU CITRON VERT ET ANETH

POUR 6 PERSONNES

INGRÉDIENTS :

600 g de noix de Saint-Jacques décortiquées fraîches
25 cl d'huile d'olive
2 échalotes
1 botte d'aneth
1 citron vert
sel
poivre du moulin

PRÉPARATION : 8 MINUTES

➡ Tailler les noix de Saint-Jacques en fines lamelles. Les disposer harmonieusement au fond de l'assiette.

➡ Assaisonner avec le sel, le poivre et le jus de citron. Arroser le tout d'huile d'olive et parsemer d'échalotes et d'aneth ciselés.

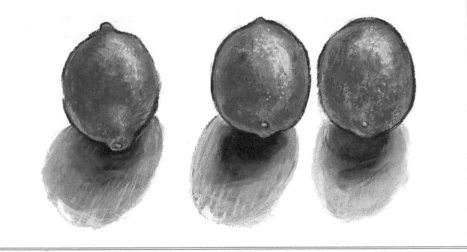

SALADE DE NOIX DE SAINT-JACQUES AUX COPEAUX DE PARMESAN ET VINAIGRE DE XÉRÈS

POUR 4 PERSONNES

INGRÉDIENTS :

20 coquilles Saint-Jacques
1 salade frisée
500 g de mâche
1/2 botte de cerfeuil
1/2 botte d'estragon
1/2 botte de ciboulette
3 échalotes
1 verre de vinaigre balsamique
4 cuillerées à soupe d'huile d'olive
1 cuillerée à soupe de persil

40 g de parmesan (copeaux)
sel de Guérande
poivre du moulin

VINAIGRETTE DE XÉRÈS :
20 cl d'huile d'olive
10 cl de vinaigre de xérès
1 cuillerée à soupe de moutarde
1 cuillerée à café de sel
6 tours de moulin à poivre

PRÉPARATION : 10 MINUTES

➡ Demander à votre poissonnier d'ouvrir les coquilles Saint-Jacques. Garder uniquement la noix. Assaisonner de sel de Guérande et de poivre du moulin.

➡ Laver les salades, effeuiller le cerfeuil et l'estragon, couper la ciboulette, peler et ciseler les échalotes.

➡ Préparer la vinaigrette de xérès en mélangeant la moutarde avec l'huile d'olive, le vinaigre de xérès, le sel et le poivre.

➡ Dans une poêle antiadhésive, colorer les Saint-Jacques à l'huile d'olive 2 minutes sur chaque face. Déglacer avec 4 cuillerées de vinaigrette de xérès. Faire réduire le reste de vinaigre balsamique à l'état sirupeux.

➡ Mélanger 4 cuillerées d'huile d'olive avec le persil haché.

➡ Pour le dressage : faire un cordon avec l'huile d'olive et le persil haché, arroser avec le vinaigre balsamique réduit.

➡ Disposer la salade mélangée et les herbes, au milieu, parsemer de copeaux de parmesan, poser les noix de Saint-Jacques autour.

HOMARD BRETON FROID, MACÉDOINE DE POMME FRUIT ET AVOCAT

POUR 6 PERSONNES

INGRÉDIENTS :

3 homards bretons
de 500 à 600 g
1 carotte
1 oignon
1 bouquet garni
25 cl de vin blanc
sel
poivre du moulin

MACÉDOINE :
25 cl de mayonnaise
2 carottes
1/4 de céleri
1 pomme de terre
100 g de haricot verts
100 g de petits pois
1/2 pomme fruit
1/2 avocat
sel

PRÉPARATION : 20 MINUTES

➡ Laver la carotte et l'oignon. Les tailler grossièrement et les mettre dans une casserole assez haute, ajouter le bouquet garni, le vin blanc, assaisonner et ajouter 2 litres d'eau. Porter à ébullition pendant 15 minutes.

➡ Mettre les homards à cuire pendant 15 autres minutes. Lorsque la cuisson est terminée, les laisser refroidir dans la nage (bouillon de cuisson) à un endroit tempéré.

➡ Pour la macédoine, éplucher et laver les carottes, le céleri et la pomme de terre. Les tailler en petits cubes et les faire cuire dans de l'eau bouillante salée (il faut qu'ils soient légèrement croquants).

➡ Faire cuire également les haricots (taillés en petits morceaux) et les petits pois. Mélanger tous les légumes et réserver.

➡ Tailler la pomme fruit en petits cubes ainsi que l'avocat, les mélanger avec les légumes, le tiers de la mayonnaise et assaisonner.

➡ Retirer les homards de leur cuisson, les fendre en deux et retirer le boyau. Servir avec le reste de la mayonnaise et la macédoine.

LÉGUMES

&

PÂTES

SALSIFIS PERSILLÉS

POUR 6 PERSONNES

INGRÉDIENTS :

1,2 kg de salsifis
1 cuillerée à soupe de beurre
1 cuillerée à café d'ail haché
2 cuillerées à soupe de persil haché
1 citron

BLANC :
100 g de farine
2 litres d'eau

PRÉPARATION : 8 minutes

➥ Laver, éplucher les salsifis à l'aide d'un économe. Les tailler en tronçons de 5 cm environ. Les réserver dans de l'eau citronnée.

➥ Réaliser le blanc : délayer la farine à l'eau froide, saler et porter à ébullition. Y mettre les salsifis et les faire cuire pendant 30 minutes. Égoutter, rincer.

➥ Dans une poêle, faire chauffer le beurre. Ajouter les salsifis, poêler 3 à 4 minutes. Assaisonner avec l'ail haché. Ajouter le persil haché. Disposer dans un plat.

CAVIAR D'AUBERGINES

POUR 6 PERSONNES

INGRÉDIENTS :

2 aubergines
huile d'olive
2 branches de thym
2 feuilles de laurier
1 oignon
1 gousse d'ail
3 tomates
1 bouquet garni
5 feuilles de basilic
sel
poivre du moulin

PRÉPARATION :
5 MINUTES

➥ Laver les aubergines, les couper en deux dans le sens de la longueur. Saler, poivrer chaque moitié, arroser d'un filet d'huile d'olive, répartir thym et laurier.

➥ Reconstituer les aubergines, les emballer dans un papier d'aluminium. Faire cuire au four à 180 °C (thermostat 6) pendant 30 à 40 minutes. Prélever la chair, égoutter, hacher.

➥ Laisser suer à l'huile d'olive l'oignon et l'ail ciselés. Ajouter les tomates concassées, le bouquet garni, saler, poivrer. Laisser cuire 15 minutes à feu doux. Ajouter la chair des aubergines et, en fin de cuisson, le basilic ciselé.

BEIGNETS DE FLEURS DE COURGETTE DE CANNES

POUR 6 PERSONNES

INGRÉDIENTS :

**36 fleurs de courgette
200 g de farine
37 g de levure du boulanger
33 cl de bière
1 litre d'huile spéciale friture
sel
poivre du moulin**

PRÉPARATION : 8 MINUTES

➡ Préparer la pâte à beignet : dans un saladier, mélanger la farine avec la levure et la bière. Bien mélanger de façon à obtenir une pâte lisse et homogène. Laisser reposer 10 minutes.

➡ Faire chauffer l'huile dans une friteuse, de 160° à 170 °C. Tremper chaque fleur dans la pâte à beignet, puis les plonger (5 par 5) dans la friteuse. Lorsqu'elles sont bien dorées et croustillantes, les retirer. Les égoutter sur un linge, les assaisonner de sel et de poivre.

➡ Servir bien chaud. On peut les servir en apéritif ou bien en entrée, accompagnées d'une sauce tartare.

GRATIN D'ENDIVES AU JAMBON

POUR 6 PERSONNES

INGRÉDIENTS :

6 endives
3 tranches de jambon
25 cl d'eau
1 jus de citron
50 g de beurre
1 cuillerée à café de sucre
sel

SAUCE BÉCHAMEL :
beurre
50 g de farine
50 cl de lait
100 g de gruyère râpé
sel

PRÉPARATION : 10 MINUTES

➥ Préparer et laver les endives, les mettre dans une casserole à fond plat, ajouter l'eau, le jus du citron, le beurre, le sel et le sucre, puis recouvrir de papier sulfurisé beurré. Faire cuire au four à 230 °C (thermostat 7/8) pendant 30 minutes. Égoutter, presser et garder de côté.

➥ Préparer la sauce béchamel : faire fondre le beurre, ajouter la farine, fouetter. Incorporer le lait et porter à ébullition pendant 5 minutes, rajouter 75 g de gruyère râpé et assaisonner.

➥ Couper les tranches de jambon en deux et les rouler avec les endives. Beurrer un plat à gratin, disposer les endives nappées de sauce béchamel, saupoudrer de gruyère et de quelques noix de beurre. Faire gratiner 3 minutes au four à 240 °C (thermostat 8).

GRATIN DE BROCOLIS

ET CHOU-FLEUR

POUR 4 PERSONNES

INGRÉDIENTS :

500 g de brocolis
500 g de chou-fleur
200 g de jambon cuit
40 g de beurre
40 g de farine
25 cl de lait
4 jaunes d'œufs
100 g de gruyère râpé
noix de muscade râpée
50 g de chapelure
sel
poivre du moulin

PRÉPARATION : 10 MINUTES

➡ Laver les brocolis et le chou-fleur et détacher les bouquets. Blanchir les légumes dans une grande quantité d'eau salée, puis les laisser égoutter.

➡ Tailler le jambon en petits dés.

➡ Faire fondre le beurre et incorporer la farine en remuant. Ajouter le lait. Porter à ébullition, laisser frémir quelques instants tout en continuant à remuer.

➡ Retirer la casserole du feu et incorporer les jaunes d'œufs et 75 g de gruyère râpé. Assaisonner de sel, de poivre et de noix de muscade râpée.

➡ Disposer dans un plat à gratin beurré, par couches et en alternance, les brocolis, le chou-fleur et les dés de jambon.

➡ Napper le gratin de sauce. Parsemer du reste de fromage et de chapelure. Préchauffer le four à 200 °C (thermostat 7), puis y mettre le plat pendant 30 minutes environ.

GRATIN AUX POMMES DE TERRE

POUR 4 PERSONNES

INGRÉDIENTS :

1 kg de pommes de terre fermes à la cuisson
1 gousse d'ail
120 g de beurre
100 g de gruyère râpé
25 cl de crème
25 cl de lait
noix de muscade râpée
sel
poivre du moulin

PRÉPARATION : 10 MINUTES

➡ Éplucher les pommes de terre, les laver et les couper en fines rondelles, les rincer rapidement sous l'eau froide. Les laisser égoutter,
puis les sécher dans un torchon de cuisine. Préchauffer le four à
150 °C (thermostat 6/7).

➡ Frotter un grand plat à gratin avec la gousse d'ail coupée en deux
et le beurrer avec 20 g de beurre. Déposer un tiers des pommes de
terre dans le plat en les faisant se chevaucher. Saupoudrer de sel, de
poivre et de muscade râpée, et parsemer d'un tiers du gruyère râpé.
Recouvrir d'une nouvelle couche de pommes de terre et poursuivre
ainsi jusqu'à épuisement des pommes de terre et du fromage.

➡ Battre la crème et le lait, faire bouillir avec le reste de beurre et napper les pommes de terre. Glisser le plat au four à 200 °C (thermostat 7)
et laisser cuire le gratin durant 50 minutes.

➡ Au dernier moment, si besoin est, faire colorer à la grille du four.

POMMES DE TERRE DARPHIN

POUR 6 PERSONNES

INGRÉDIENTS :

1,2 kg de pommes de terre bintje
15 cl d'huile d'arachide
10 g de beurre
sel
poivre du moulin

PRÉPARATION : 10 MINUTES

➡ Tailler les pommes de terre en 15 mm d'épaisseur à la râpe ou mandoline. Bien presser les pommes de terre, saler, poivrer.

➡ Faire chauffer l'huile d'arachide dans une poêle antiadhésive. Ajouter les pommes de terre. Façonner en forme de galette à l'aide d'une fourchette. Démarrer à feu vif, afin de bien colorer les pommes de terre, puis ajouter une noisette de beurre.

➡ Colorer chaque face 3 à 4 minutes. Terminer au four à 160 °C (thermostat 5/6) pendant 10 minutes.

AUBERGINES FARCIES, TOMATES, PARMESAN, BASILIC ET JAMBON BLANC

POUR 6 PERSONNES

INGRÉDIENTS :

6 aubergines
2 tomates bien mûres
1 courgette
1 poivron rouge
1 oignon
12 feuilles de basilic
6 tranches de jambon blanc
100 g de parmesan
3 œufs
huile d'olive
fleur de thym
sel
poivre du moulin

PRÉPARATION : 10 MINUTES

➥ Laver soigneusement tous les légumes, éplucher l'oignon, ouvrir les aubergines en deux dans le sens de la longueur, les inciser et les arroser d'huile d'olive, saler, poivrer, et les passer au four très chaud à 200 °C (thermostat 7) pendant 10 minutes afin qu'elles soient grillées. Les réserver.

➥ Couper finement l'oignon, plonger les tomates dans une eau bouillante pendant 1 minute, les passer à l'eau froide pour retirer la peau plus facilement, puis les couper grossièrement.

➡ Faire revenir l'oignon dans de l'huile d'olive, ajouter les tomates, assaisonner et faire mijoter 10 minutes. Réserver. Tailler en cubes la courgette et le poivron, les faire sauter vivement à l'huile d'olive. Réserver.

➡ Retirer la chair des aubergines sans trouer la peau. Mettre la chair dans un saladier, ajouter les tomates, la courgette, le poivron, les feuilles de basilic, le parmesan, les œufs et le jambon coupé en lanières. Assaisonner et rajouter une cuillerée d'huile d'olive.

➡ Mettre cette préparation dans chaque moitié d'aubergine, saupoudrer d'un peu de fleur de thym et passer au four chaud à 200 °C (thermostat 7) pendant 7 à 10 minutes.

➡ Servir ainsi, accompagné par exemple d'une salade d'herbes. En été, cette préparation peut être servie en entrée froide.

TAGLIATELLES AUX POINTES D'ASPERGES ET SAUMON FUMÉ

POUR 6 PERSONNES

INGRÉDIENTS :

500 g de tagliatelles fraîches
750 g d'asperges
75 g de beurre doux
1 oignon
12,5 cl de xérès
25 cl de crème fraîche épaisse
3 cuillerées à soupe de ciboulette
30 g de parmesan + de quoi servir sur les assiettes (100 g)
1 tranche de saumon de 125 g
sel
poivre du moulin

PRÉPARATION : 10 MINUTES

➥ Peler les asperges. Les débarrasser de leur extrémité dure. Les mettre dans une casserole et couvrir d'eau. Saler et porter à ébullition.

➥ Faire cuire les asperges jusqu'à ce qu'elles soient tendres, sans être molles (cuisson de 5 à 6 minutes environ). Les égoutter et les plonger rapidement dans l'eau froide pour stopper la cuisson. Couper les tiges en biais en tronçons de 5 cm et conserver les pointes entières.

➥ Faire fondre le beurre à feu moyen dans une sauteuse. Ajouter la moitié des asperges et l'oignon râpé. Faire revenir 1 minute, puis couvrir et laisser suer de 1 à 2 minutes. Verser le xérès et faire évaporer l'alcool pendant 3 minutes.

➥ Ajouter la crème et amener au seuil de l'ébullition. Retirer alors la sauteuse du feu, incorporer le reste des asperges, la ciboulette ciselée, le parmesan râpé, le saumon coupé en lamelles, 1/4 de cuillerée à café de sel et poivre.

➥ Porter à ébullition 5 litres d'eau salée. Y verser les tagliatelles, faire cuire les pâtes 15 secondes après la reprise de l'ébullition, puis les égoutter, bien les mélanger à la sauce et servir immédiatement en saupoudrant chaque assiette d'environ 2 cuillerées à café de parmesan.

PÂTES AU PISTOU ET COQUILLAGES

POUR 6 PERSONNES

INGRÉDIENTS :

500 g de pâtes
200 g de palourdes
200 g de coques
200 g de moules
1 pied de basilic à petites feuilles
3 gousses d'ail
50 g de pignons de pin
50 g de parmesan râpé
100 g de comté râpé
10 cl d'huile d'olive extra vierge
150 g d'échalotes
2 brindilles de persil plat
1 brindille de thym
1 feuille de laurier
10 cl de vin blanc
fleur de sel

PRÉPARATION : 10 MINUTES

➤ Pour gagner du temps, on peut utiliser un petit mixeur, mais le pistou sera plus savoureux préparé à la main, au pilon et au mortier.

➤ Laver le basilic, le secouer pour l'égoutter et l'effeuiller. L'écraser et le réserver dans un bol. Éplucher les gousses d'ail, les couper en quatre dans le sens de la longueur et les écraser. Ajouter l'ail au basilic.

➤ Écraser les pignons de pin, mélanger à la préparation basilic-ail en remuant bien. Incorporer les fromages.

➤ Comme pour une mayonnaise, monter la préparation en versant de l'huile d'olive en un fin filet, tout en remuant constamment. On obtiendra une pâte compacte ne transpirant pas l'huile, 3 grosses cuillerées à soupe suffiront à parfumer 500 g de pâte.

➥ Laver et faire dégorger les coquillages, nettoyer les moules. Dans une casserole, faire cuire séparément chaque sorte de coquillages, avec les échalotes hachées, le persil, le thym, le laurier et le vin blanc. Quand les coquilles s'ouvrent, les retirer du feu. Enlever les coquilles, réduire la cuisson de tous les coquillages et mélanger avec les pâtes quand elles seront cuites.

➥ Faire cuire les pâtes dans beaucoup d'eau bouillante salée. Les égoutter, incorporer aussitôt le pistou en brassant délicatement. Ajouter un filet d'huile d'olive et un peu de fleur de sel.

PÂTES PAPILLON AUX PALOURDES

POUR 4 PERSONNES

INGRÉDIENTS :

300 g de pâtes papillon
800 g de palourdes
12 cl de vin blanc sec
1 cuillerée à soupe d'huile d'olive
2 cuillerées à soupe de persil plat
1 cuillerée à soupe de beurre frais
1 échalote
1 gousse d'ail

PRÉPARATION : 10 MINUTES

➥ Nettoyer très soigneusement les palourdes à l'eau froide courante en enlevant celles qui ne paraissent pas fraîches. Égoutter.

➥ Placer les coquillages dans une casserole avec le vin blanc et l'échalote ciselée, l'ail émincé et l'huile. Faire cuire le tout jusqu'à ouverture des palourdes. Sortir les palourdes de la casserole avec une écumoire. Passer le jus au chinois, rajouter le persil haché. Faire bouillir et ajouter le beurre.

➥ Faire cuire les pâtes dans une eau bouillante salée et 2 cuillerées d'huile. Tenir al dente, rafraîchir, égoutter.

➥ Enlever leur coquille aux palourdes et mélanger avec les pâtes et la sauce.

Astuce :

Éliminer les palourdes qui, à la cuisson, restent fermées, et laisser décanter le jus de cuisson pour le débarrasser du sable.

RAVIOLIS DE MUNSTER

POUR 6 PERSONNES

INGRÉDIENTS :

250 g de munster
2 tomates
1/4 de botte de persil plat
1/2 botte de basilic
2 cl de jus de volaille
sel

POUR LA PÂTE :
250 g de farine
1 œuf
1 cuillerée à soupe d'huile d'olive
4 jaunes d'œufs
sel

PRÉPARATION : 10 MINUTES

➥ Effeuiller le persil, le hacher. Découper le munster en cubes d'environ 1 cm de côté et parsemer de persil.

➥ Faire la pâte à raviolis en mélangeant tous les ingrédients jusqu'à obtenir une pâte homogène. Laisser reposer 30 minutes au frais. Étaler finement et former les raviolis avec les dés de munster à l'intérieur. Faire cuire les raviolis 5 minutes à l'eau bouillante salée.

➥ Mettre 5 raviolis au centre de l'assiette, napper de jus de volaille chaud et d'huile d'olive, et décorer avec les tomates et des feuilles de basilic.

LASAGNES EN VINAIGRETTE, ENCORNET ET PARMESAN

POUR 6 PERSONNES

INGRÉDIENTS :

12 carrés de pâte à lasagnes
300 g d'encornets (lavés et épluchés)
3 grosses tomates bien mûres
18 olives noires
25 cl d'huile d'olive
1 cuillerée à soupe de moutarde
3 cuillerées à soupe de vinaigre de xérès
12 feuilles de basilic
150 g de parmesan
1 citron
sel
poivre du moulin

PRÉPARATION : 10 MINUTES

➡ Tailler les encornets en fines rondelles.

➡ Faire bouillir de l'eau et y plonger les tomates pendant 10 secondes. Les laisser refroidir et retirer la peau, les couper en quatre, retirer les pépins et conserver uniquement la chair. Assaisonner de sel, de poivre et de quelques gouttes d'huile d'olive. Mettre au four à 100 °C (thermostat 3/4) pendant 15 minutes, et conserver au froid après la cuisson.

➡ Dénoyauter les olives et les couper grossièrement. Préparer la vinaigrette avec l'huile d'olive, la moutarde, le vinaigre de xérès, le sel et le poivre.

➡ Dans une casserole d'eau bouillante légèrement salée, plonger les lasagnes (2 à 3 minutes), puis laisser refroidir et égoutter sur un linge.

➡ Dans une poêle, faire sauter les encornets avec de l'huile d'olive ; les arroser de quelques gouttes de jus de citron.

➡ Disposer harmonieusement dans chaque assiette une bande de lasagnes, des pétales de tomate, 2 feuilles de basilic, des olives noires coupées et des encornets sautés. Arroser le tout avec la vinaigrette, râper par-dessus des copeaux de parmesan et servir ainsi.

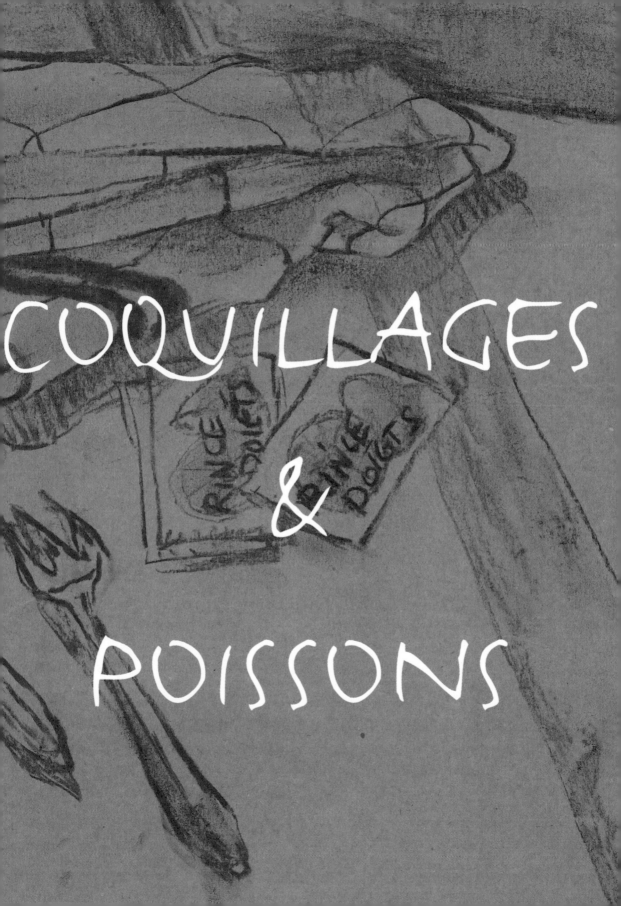

COQUILLAGES

&

POISSONS

PÉTONCLES RÔTIS AU BEURRE DEMI-SEL À LA CIBOULETTE

POUR 6 PERSONNES

INGRÉDIENTS :

1 kg de pétoncles
300 g de gros sel
100 g de beurre demi-sel
1 botte de ciboulette
2 échalotes
1 citron
sel
poivre du moulin

PRÉPARATION : 5 MINUTES

➡ Bien nettoyer les pétoncles et les étaler, ouverts, sur le gros sel.

➡ Mélanger la ciboulette et les échalotes ciselées au beurre demi-sel. Saler et poivrer, arroser d'un jus de citron.

➡ Disposer sur chaque pétoncle une cuillerée à café de ce mélange. Passer quelques minutes au four à 200 °C (thermostat 7).

➡ Servir chaud.

POÊLÉE DE COQUILLES SAINT-JACQUES, ENDIVES AU PARFUM D'ORANGES AMÈRES

POUR 6 PERSONNES

INGRÉDIENTS :

6 kg de Saint-Jacques en coquille ou
600 g décortiquées
1 kg d'endives
6 oranges amères
200 g de beurre
50 g de sucre
1/4 de botte d'aneth
1 pincée de sel
poivre du moulin

PRÉPARATION : 10 MINUTES

➡ Nettoyer les endives et les faire suer au beurre avec le sucre et le jus des 6 oranges.

➡ Poêler les noix de Saint-Jacques dans une poêle antiadhésive, assaisonner et réserver.

➡ Réaliser un beurre fondu, c'est-à-dire faire réduire le jus d'orange obtenu à la cuisson des endives et le fouetter avec 200 g de beurre. Saler et poivrer.

➡ Au centre de l'assiette, disposer la tombée d'endives sans le jus. Placer les noix de Saint-Jacques dessus et verser le beurre à l'orange autour ; parsemer de pluches d'aneth.

FILETS DE ROUGET À LA HARISSA, FIGUES RÔTIES AU SÉSAME

POUR 6 PERSONNES

INGRÉDIENTS :

12 filets de rouget
6 figues
100 g de beurre
50 g de parmesan
20 g de mie de pain
2 cuillerées à soupe de harissa
250 g de semoule
3 cuillerées à soupe d'huile d'olive
1/2 botte de menthe
1/2 poivron rouge
1 tomate
1 cuillerée à soupe de beurre clarifié
1 cuillerée à soupe de graines de sésame
sel
poivre du moulin

PISTOU :
1/2 botte de basilic haché
2 gousses d'ail
6 cuillerées à soupe d'huile d'olive

PRÉPARATION : 10 MINUTES

➡ Faire lever les filets de rouget par votre poissonnier.

➡ Faire cuire les figues avec 1 cuillerée à soupe de beurre clarifié pendant 3 minutes.

➡ Mélanger le beurre en pommade avec le parmesan râpé, la mie de pain et la harissa.

➡ Réaliser le taboulé en faisant gonfler la semoule avec quelques cuillerées d'eau chaude et un trait d'huile d'olive ; ajouter la menthe ciselée, le poivron en dés très fins, puis la tomate coupée en petit dés. Assaisonner.

➡ Faire cuire les filets 3 minutes au four à 210 °C (thermostat 8), avec un filet d'huile d'olive. Badigeonner du mélange de harissa et faire colorer 2 minutes au four.

➡ Réaliser le pistou en mélangeant l'ail et le basilic hachés, et verser l'huile d'olive peu à peu.

➡ Dresser les rougets sur le lit de semoule, poser les figues à côté puis faire un cordon de pistou et servir.

TOMATES FARCIES EN EFFEUILLÉE DE RAIE À L'ÉCHALOTE GRISE

POUR 6 PERSONNES

INGRÉDIENTS :

6 tomates moyennes mûres
600 g de raie parée
250 g d'épinards
2 cuillerées à soupe de vinaigre
25 cl de vinaigrette
3 échalotes grises
1 botte de ciboulette
1 botte de cerfeuil
1 botte de basilic
croûtons de pain frits
thym
laurier
sel
poivre du moulin

PRÉPARATION : 10 MINUTES

➥ Laver et éplucher les épinards. Pocher la raie pendant 15 minutes environ à l'eau vinaigrée avec le thym et le laurier. Enlever la peau.

➥ Évider l'intérieur des tomates. Assaisonner.

➥ Effeuiller la raie. Parsemer d'échalotes et de fines herbes ciselées. Assaisonner de vinaigrette.

➥ Garnir les tomates. Dresser sur un lit d'épinards et parsemer de petits croûtons frits.

COLINOT DE LIGNE PANÉ AU POIVRE MIGNONNETTE, POLENTA À L'HUILE D'OLIVE

POUR 10 PERSONNES

INGRÉDIENTS :

2 colinots de ligne
de 1,6 kg à 1,8 kg
3 cuillerées à café de mignonnette
de poivre noir
100 g de polenta
50 cl de lait
20 cl d'huile d'olive niçoise
100 g d'olives niçoises hachées

100 g de beurre
20 cl de vinaigre de xérès
1 botte de cerfeuil
1 botte d'estragon
1 botte de ciboulette
1 botte d'aneth
sel
poivre du moulin

PRÉPARATION : 15 MINUTES

➡ Faire cuire la polenta avec le lait pendant 30 minutes ; en fin de cuisson, ajouter l'huile d'olive et les olives niçoises hachées. Étaler la polenta sur une plaque, tailler des rectangles à l'emporte-pièce et cuire dans une poêle avec un peu d'huile d'olive pour obtenir une belle coloration.

➡ Lever les filets de colinot, les paner avec la mignonnette de poivre, faire colorer les filets en les faisant cuire doucement à l'huile d'olive 3 à 4 minutes.

➡ Dresser les filets de colinot sur la polenta poêlée à l'huile d'olive, décorer d'une salade d'herbes et arroser d'un trait d'huile d'olive.

POÊLÉE DE CABILLAUD EN ÉCAILLES DE CHORIZO, PURÉE DE HARICOTS AU VINAIGRE

POUR 6 PERSONNES

INGRÉDIENTS :

6 filets de cabillaud de 180 g
1 chorizo de 250 g
1 jaune d'œuf
huile d'olive

PURÉE DE HARICOTS TARBAIS :
300 g de haricots tarbais écossés
1 carotte
1 oignon piqué d'un clou de girofle
200 g de pommes de terre
50 g de poitrine de porc fumée
1 bouquet garni
1 litre de fond blanc de volaille
125 g de beurre
2 cuillerées à soupe de vinaigre de xérès

PRÉPARATION : 15 MINUTES

➡ Préparer la purée de haricots : éplucher, laver et couper les pommes de terre en gros morceaux. Laver, égoutter les haricots. Mettre ces légumes dans une marmite, ajouter l'oignon piqué, la carotte épluchée, la poitrine fumée et le bouquet garni. Mouiller avec le fond blanc de volaille froid, saler et cuire 45 à 50 minutes selon la qualité du haricot. Égoutter, retirer la garniture. Remettre la casserole à feu doux, écraser avec une fourchette tout en incorporant le beurre, puis le vinaigre de xérès. Saler et poivrer.

➡ Retirer la peau du chorizo et le couper en fines lamelles, blanchir en démarrant à l'eau froide, rafraîchir, égoutter et éponger. Enlever la peau des filets de cabillaud avec un couteau et napper cette face d'une fine couche de dorure. Saler, poivrer et disposer le chorizo en écailles sur les poissons. Poêler les poissons, côté chorizo, 5 à 6 secondes à l'huile d'olive. Retourner et cuire doucement pendant environ 8 minutes à feu doux, puis 3 à 4 minutes au four à 240 °C (thermostat 8).

➡ Avant de servir, disposer le poisson harmonieusement, dresser la purée et napper de sauce.

FILET DE BAR POÊLÉ À L'OSEILLE, CÂPRES, ANCHOIS ET CITRON

POUR 6 PERSONNES

INGRÉDIENTS :

1,2 kg de filet de bar
2 bottes d'oseille
1 cuillerée à soupe de câpres
12 filets d'anchois
1 citron
huile d'olive
sel
poivre du moulin

PRÉPARATION : 12 MINUTES

➥ Faire préparer (lever) les filets de bar par votre poissonnier. Retirer les petites arêtes centrales à l'aide d'une pince à épiler. Tailler 6 morceaux de 200 g chacun.

➥ Presser le citron. Réserver le jus. Laver et éplucher l'oseille. La réserver également.

➥ Faire cuire les morceaux de bar dans une poêle avec de l'huile d'olive 2 à 3 minutes de chaque côté à feu doux. Les retirer et les réserver au chaud.

➥ Dans la même poêle, faire sauter vivement l'oseille. Au bout d'une minute, ajouter les câpres.

➡ Au moment de servir, disposer l'oseille sur chaque assiette et, par-dessus, les morceaux de bar. Arroser légèrement de citron, disposer les anchois et servir.

Astuce :

Saler et poivrer légèrement les morceaux de bar une demi-heure avant le repas ; cela permettra d'obtenir un assaisonnement parfait.

CROUSTILLANT DE BAR

AUX AMANDES,

POIRE DORÉE ET CITRON

POUR 4 PERSONNES

INGRÉDIENTS :

1 bar de 1,6 kg
250 g de petits dés de pain de mie
100 g de beurre clarifié ou fondu
250 g de pousses d'épinards
1 échalote
2 cuillerées à soupe de vinaigrette
1 poire
1/2 zeste de citron
1/2 zeste d'orange
1 cuillerée à soupe de persil haché
50 g de vinaigre balsamique
50 g d'huile d'olive
50 g d'amandes effilées colorées
1 cuillerée à soupe de sirop d'érable
sel
poivre du moulin

PRÉPARATION : 15 MINUTES

➡ Faire lever le bar en filets par votre poissonnier. Enlever les arêtes, couper en 4 morceaux et assaisonner. Tremper dans le beurre puis dans les croûtons de pain de mie.

➡ Faire colorer dans la poêle côté pain en premier puis, après 3 à 4 minutes, retourner le poisson et finir de cuire.

➥ Laver puis assaisonner les pousses d'épinards avec l'échalote cise-lée et la vinaigrette.

➥ Éplucher la poire et la couper en dés. La faire colorer à la poêle et ajouter les zestes du citron et de l'orange coupés très finement en bru-noise.

➥ Déposer sur l'assiette les pousses d'épinards. Assaisonner et poser le bar dessus. Autour, verser la poire et le citron, l'orange et le persil haché. Arroser de vinaigre balsamique et d'huile d'olive, parsemer d'amandes effilées et de quelques gouttes de sirop d'érable.

LAVARET EN CROÛTE

POUR 4 PERSONNES

INGRÉDIENTS :

1 lavaret entier, écaillé (1 à 2 kg environ)
6 tranches fines de lard gras de la taille d'une carte postale
2 grandes branches d'aneth
sel

POUR LA PÂTE :
300 g de farine de seigle
100 g de farine de blé
30 cl de blancs d'œufs (8 à 10 œufs)
400 g de sel fin

POUR LA SAUCE :
1 échalote
25 cl de bon court-bouillon
5 cl de vin blanc sec
20 cl de crème liquide
30 g de beurre
1 cuillerée à café d'anchois hachés et un peu de leur jus
2 cuillerées à soupe d'aneth
poivre noir

PRÉPARATION : 15 MINUTES

➡ Préparer la pâte en mélangeant bien tous les ingrédients. La rouler dans un film alimentaire et la laisser au réfrigérateur une demi-heure.

➡ Sécher le poisson, couper les nageoires et la queue aux ciseaux. Enlever les branchies et nettoyer le sang soigneusement. Étaler le lard sur un film alimentaire. Saler légèrement le lavaret et le farcir avec les branches d'aneth. Barder le poisson de lard.

➥ Abaisser la pâte à 5 mm d'épaisseur, en forme de disque allongé et y enrouler le poisson. La pâte se referme facilement et colle bien.

➥ Faire cuire l'échalote hachée dans le court-bouillon et le vin, jusqu'à obtenir un sirop. Ajouter la crème et laisser cuire jusqu'à ce que la sauce épaississe un peu. Ajouter le beurre. Incorporer les anchois avec un peu de leur jus et passer au mixeur. Passer à la passoire, ajouter l'aneth haché et une pincée de poivre.

➥ Faire chauffer le four à 230 °C (thermostat 7/8). Poser le lavaret sur du papier cuisson et enfourner pendant 30 minutes.

➥ À table, couper la partie supérieure de la croûte. Enlever ce couvercle et le lard. Découper le poisson et servir avec la sauce aux anchois et des pommes de terre.

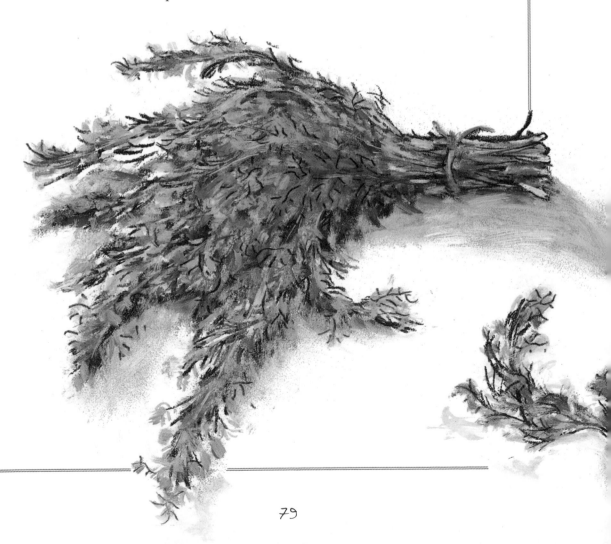

SAUMON RÔTI EN CROÛTE, FARCI DE NOIX ET NOISETTES AU ROMARIN

POUR 6 PERSONNES

INGRÉDIENTS :

1,2 kg de saumon
15 cl de jus de volaille
2 échalotes hachées
500 g de mâche
4 cuillerées à soupe de vinaigrette
sel
poivre

FARCE :
200 g de beurre
1/2 botte de romarin
100 g de noix
100 g de noisettes
50 g de chapelure
sel
poivre du moulin

PRÉPARATION : 12 MINUTES

➥ Tailler le saumon en 6 pavés de 200 g chacun. Enlever la peau, assaisonner de sel et de poivre.

➥ Réaliser la farce : mettre le beurre en pommade, saler, poivrer, ajouter le romarin haché et les noix et noisettes concassées, puis la chapelure. Réserver.

➥ Faire cuire les pavés de saumon à la poêle pendant 2 minutes à feu doux de chaque côté. Débarrasser sur une plaque. Masquer le saumon avec la farce. Rôtir au four 3 minutes.

➥ Assaisonner la mâche avec la vinaigrette et les deux échalotes hachées, disposer le saumon au centre, arroser de jus de volaille et décorer avec la salade de mâche.

BROCHETTES DE LOTTE PANÉES

AU LARD FUMÉ

POUR 6 PERSONNES

INGRÉDIENTS :

800 g de lotte	1 botte de persil plat
4 tranches de poitrine fumée	125 g de chapelure
de 2 à 3 mm d'épaisseur	2 cuillerées à soupe
150 g de mayonnaise	d'huile d'arachide
120 g de câpres	25 g de beurre
120 g de cornichons	sel
1 oignon	poivre du moulin

PRÉPARATION : 10 MINUTES

➡ Couper la lotte en 24 carrés de même grosseur, et les tranches de poitrine fumée en 18 carrés, à peu près de la même taille que la lotte.

➡ Monter chaque brochette en intercalant 4 morceaux de lotte et 3 morceaux de lard, en commençant et en finissant par un morceau de lotte.

➡ Mélanger au fouet dans un saladier la mayonnaise avec les câpres hachées grossièrement, les cornichons hachés finement, l'oignon pelé et haché et 2 cuillerées à soupe de persil plat concassé. Rectifier l'assaisonnement si nécessaire.

➡ Assaisonner les brochettes de sel (légèrement, car la poitrine fumée apporte du sel), et poivrer. Mettre la chapelure dans un plat, rouler les brochettes dedans.

➡ Faire chauffer 2 cuillerées à soupe d'huile d'arachide et le beurre dans une poêle. Lorsque le beurre arrive à une jolie blondeur, déposer les brochettes et les laisser dorer de chaque côté 2 minutes environ.

VOLAILLES

&

VIANDES

PINTADE FERMIÈRE EN COCOTTE
À L'ÉTOUFFÉE DE MARRONS

POUR 4 PERSONNES

INGRÉDIENTS :

1 pintade moyenne vidée, flambée, bridée
1 gousse d'ail
1 brin de thym
25 cl de crème fraîche épaisse
150 g de beurre
10 cl de vin blanc
1/2 carotte
1/2 oignon

1 jus de citron
10 cl d'huile d'arachide
sel, poivre du moulin

GARNITURE :
1 boule de céleri-rave
(pour la purée)
200 g de petits oignons
1 bocal de marrons cuits au naturel

PRÉPARATION : 15 MINUTES

➥ Confectionner la purée de céleri qui sera servie à part : couper le céleri en morceaux ; les citronner légèrement puis cuire à l'eau 30 minutes environ. Égoutter, mixer, ajouter la crème, le beurre (100 g) et réserver. Préparer la garniture aromatique (ail, thym, carotte, oignon).

➥ Assaisonner la pintade, à l'intérieur et à l'extérieur ; la faire colorer avec un peu d'huile. Ajouter la garniture aromatique ; faire suer 7 à 8 minutes.

➥ Enlever la pintade, dégraisser légèrement et déglacer avec 10 cl de vin blanc et de l'eau. Laisser frémir quelques minutes, passer le jus.

➥ Faire rissoler les petits oignons et les marrons égouttés dans une cocotte, déglacer avec le jus de la pintade. Mettre la pintade sur la garniture, couvrir et terminer la cuisson au four doux à 170 C° (thermostat 5/6) pendant 15 à 20 minutes.

➥ Servir la pintade dans la cocotte de cuisson et découper au moment de servir.

POULET AUX CITRONS
ET OLIVES CONFITS

POUR 8 PERSONNES

INGRÉDIENTS :

2 poulets de 1,2 kg chacun, vidés
50 g de gingembre
400 g de citrons confits
500 g d'olives confites
2 bottes de persil
3 bottes de coriandre fraîche
1 kg d'oignons

2 têtes d'ail
2 g de safran en filament
50 cl d'huile
vinaigre
25 g de poivre blanc
sel, poivre du moulin

PRÉPARATION : 15 MINUTES

➡ Faire dégorger les poulets dans de l'eau salée et vinaigrée, trois heures avant l'emploi.

➡ Dans une casserole, mettre les poulets, le poivre, le gingembre moulu, le persil, la coriandre, les oignons hachés, l'huile, l'ail haché et le safran. Recouvrir d'eau froide. Faire cuire 30 minutes.

➡ Enlever les poulets et les passer au four à 200 °C (thermostat 7) pendant 10 minutes.

➡ Faire réduire la sauce avec les olives et les citrons confits ; elle doit être onctueuse. Rectifier l'assaisonnement. Dresser les poulets en nappant avec la sauce.

Astuce :

Ne pas saler les poulets pendant la cuisson (les citrons et les olives sont déjà salés).

FILET D'AGNEAU EN CROÛTE D'HERBES

POUR 4 PERSONNES

INGRÉDIENTS :

1 selle d'agneau
200 g de crépine de porc
1/2 botte de cerfeuil
1/2 botte d'aneth
1/2 botte d'estragon
1/2 botte de ciboulette
1/2 botte de persil plat
1/2 botte de thym
gros sel, poivre du moulin

PRÉPARATION : 12 MINUTES

➡ Désosser (ou faire préparer par le boucher) la selle d'agneau en filet.

➡ Effeuiller les herbes grossièrement, puis étaler la crépine sur un linge, en parsemer les herbes, assaisonner le filet d'agneau de gros sel et de poivre. Le disposer sur la crépine, le rouler délicatement et enfermer l'ensemble dans du papier aluminium, en serrant fort.

➡ Faire dorer le tout dans une poêle sans matière grasse, puis cuire 5 à 6 minutes au four à 200 °C (thermostat 7) ; laisser reposer, retirer le papier aluminium, puis trancher le filet d'agneau.

Astuce :

Sans papier aluminium, les herbes brûleraient à la poêle.
Poser la crépine sur un linge pour l'égoutter. Bien rouler à la poêle le filet d'agneau. Garder la crépine dans de l'eau après utilisation. Laisser bien reposer l'agneau, il sera plus tendre.

RÂBLE DE LAPIN RÔTI À LA MOUTARDE, ROMARIN ET PÂTES FRAÎCHES

POUR 6 PERSONNES

INGRÉDIENTS :

300 g de pâtes fraîches
3 râbles de lapin (attacher les arrière-cuisses)
2 cuillerées à soupe de moutarde forte
1 carotte
1 oignon
1 bouquet garni (queues de persil, thym, laurier)
chapelure
1 verre de vin blanc
3 brins de romarin
huile d'olive
beurre
sel
poivre du moulin

PRÉPARATION : 15 MINUTES

➡ Éplucher et laver l'oignon et la carotte. Les tailler en petits dés.

➡ Dans une grande casserole, faire colorer les morceaux de lapin à l'huile d'olive. Après avoir obtenu une belle coloration, ajouter carotte et oignon. Faire suer pendant 5 minutes sans coloration. Assaisonner, ajouter le bouquet garni et laisser étuver à couvert pendant 5 minutes.

➡ Ensuite, badigeonner chaque morceau de lapin d'une fine couche de moutarde, parsemer de chapelure, verser le verre de vin blanc, ajouter le romarin et mettre au chaud à 140 °C (thermostat 4/5) pendant 10 minutes.

➡ Faire cuire les pâtes dans l'eau bouillante salée, les égoutter, puis les rouler dans un beurre fondu, et assaisonner.

➡ Servir bien chaud accompagné des morceaux de lapin et décoré de brins de romarin.

GIGOT DE PAUILLAC EN CROÛTE D'HERBES, HARICOTS COCO AU JUS

POUR 6 PERSONNES

INGRÉDIENTS :

GARNITURE AROMATIQUE :
1 oignon piqué de clous de girofle
2 oignons
2 carottes
1 tête d'ail

1 gigot de 1,5 kg
1 kg de haricots coco ou Tarbais écossés
200 g de crépine
1 bouquet garni
(1 poireau, thym, laurier, queues de persil)
1 botte de persil plat
1 botte de cerfeuil
1 botte d'aneth
1 botte d'estragon
1 brindille de thym
1 oignon
5 gousses d'ail
huile
beurre
sel
poivre du moulin

PRÉPARATION : 15 MINUTES

➥ Écosser les haricots, éplucher oignons et carottes de la garniture aromatique. Couper la tête d'ail en deux.

➥ Mettre les haricots dans une casserole, recouvrir largement d'eau.

Porter à ébullition. Écumer. Mettre la garniture aromatique et faire cuire à feu doux environ 1 heure.

➡ Ciseler 1 oignon et 3 gousses d'ail. Faire revenir au beurre sans coloration. Rajouter les haricots cuits avec un peu de leur eau de cuisson. Laisser mijoter 3 à 4 minutes et parsemer de persil plat.

➡ Assaisonner le gigot de sel et de poivre du moulin. Laver et essorer les herbes.

➡ Laver la crépine dans l'eau et l'étaler sur un torchon pour éviter qu'elle ne colle. Parsemer les herbes sur toute la surface de la crépine et disposer le gigot dessus. Enrouler et ficeler.

➡ Préchauffer le four à 220 °C (thermostat 7/8). Dans un plat, disposer le gigot, 2 gousses d'ail, 1 brindille de thym. Arroser d'huile et mettre 2 noix de beurre.

➡ Faire cuire le gigot au four 15 minutes sur chaque face. Retirer et laisser reposer.

➡ Dégraisser le récipient, ajouter 3 verres d'eau. Laisser cuire 5 minutes. Rectifier l'assaisonnement, passer le jus dans une saucière.

➡ Disposer le gigot sur le plat de haricots.

CARRÉ D'AGNEAU FROTTÉ AUX ÉPICES, FIGUES AU MIEL

POUR 6 PERSONNES

INGRÉDIENTS :

600 g de carré d'agneau
prêt à cuire
6 figues
6 tomates
4 cuillerées à soupe de miel d'acacia
1 cuillerée à soupe de thym
2 gousses d'ail

1 cuillerée à soupe
de cannelle en poudre
1 cuillerée à soupe de paprika
1 cuillerée à soupe de
coriandre en poudre
4 cuillerées à soupe d'huile d'olive
40 g de beurre + 1 noix de beurre

PRÉPARATION : 15 MINUTES

➥ Préchauffer le four à 210 °C (thermostat 7). Mélanger les épices.

➥ Dans un plat, mettre le carré d'agneau frotté avec le mélange d'épices. Arroser d'huile, ajouter une noix de beurre, saisir sur le feu, puis faire cuire 8 minutes dans le four de chaque côté. Retirer du four et laisser reposer, dégraisser, ajouter les parures d'agneau, faire colorer puis déglacer avec 3 verres d'eau et laisser réduire de moitié, rectifier l'assaisonnement.

➥ Éplucher les figues et les faire cuire au beurre clarifié 2 à 3 minutes, puis arroser de miel.

➥ Faire confire 6 tomates entières dans un plat, arroser de 4 cuillerées à soupe d'huile d'olive, de thym et d'ail. Faire cuire au four à 120 °C (thermostat 4) pendant 30 minutes.

➥ Découper le carré d'agneau. Dresser sur chaque assiette une tomate, une figue et un morceau de carré, puis arroser de jus.

CARRÉ D'AGNEAU, GRATIN NIÇOIS

POUR 8 PERSONNES

INGRÉDIENTS :

2 carrés d'agneau 8 côtes (2,2 kg)
50 g de beurre
1 cuillerée à soupe de persil haché
10 cl d'huile d'arachide
fleur de thym
sel, poivre du moulin

GRATIN NIÇOIS :
4 tomates
4 courgettes
2 gousses d'ail

1 oignon
15 cl d'huile d'olive
20 g de chapelure
1 cuillerée à soupe de persil haché

GARNITURE AROMATIQUE :
(jus de rôti)
1/2 carotte
1/2 oignon
1 brindille de thym
2 gousses d'ail

PRÉPARATION : 15 MINUTES

➡ Assaisonner les carrés de sel et poivre. Les placer sur une plaque à rôtir en protégeant les manches avec du papier aluminium. Arroser d'huile et parsemer de fleur de thym. Saisir au four à 250 °C (thermostat 8/9) pendant 10 minutes. Terminer la cuisson à 220 °C (thermostat 7/8) encore 10 minutes. Sortir du four et réserver.

➡ Mettre la garniture aromatique sur la plaque de cuisson et faire pincer les sucs, dégraisser, rajouter 2 verres d'eau.

➡ Pour le gratin, laver et couper les tomates et les courgettes en rondelles. Faire sauter les courgettes à feu vif. Émincer l'oignon et hacher l'ail ; les faire suer à l'huile d'olive pendant 15 minutes. Faire le montage en mettant la fondue d'oignon en premier, puis intercaler courgettes et tomates. Passer le tout au four 10 minutes à 180 ° C (thermostat 6). Saupoudrer de chapelure, persil et thym mélangés. Ajouter le beurre et passer 10 secondes sous le gril. Arroser d'un filet d'huile d'olive.

CÔTE DE VEAU DE LAIT

CUITE EN COCOTTE,

JUS CORSÉ AU GOÛT D'HERBES

POUR 10 PERSONNES

INGRÉDIENTS :

5 côtes de veau de 700 g chacune
2 bottes de petits oignons
5 pièces de carottes moyennes
500 g de champignons de saison (mousserons, morilles)
500 g de pommes de terre grenaille nouvelles
66 cl de jus de veau
1 kg de fèves
5 échalotes hachées
2 bottes de ciboulette
1 botte d'estragon
1 botte de persil
250 g de beurre demi-sel

PRÉPARATION : 15 MINUTES

➡ Faire rôtir les côtes de veau.

➡ Éplucher et laver les petits oignons, les carottes, les champignons, les pommes de terre et les fèves.

➡ Préparer le beurre demi-sel en y ajoutant 2 échalotes, la ciboulette, l'estragon et le persil. Bien mélanger le tout.

➡ Faire sauter les champignons à la bordelaise (avec 3 échalotes et le persil hachés), glacer les petits oignons à brun, cuire au beurre les carottes taillées en rondelle et laisser rissoler les pommes grenaille.

➡ Mélanger les légumes ensemble et y ajouter du jus de veau, laisser compoter un petit moment et poser la côte de veau sur les légumes avec le beurre demi-sel ; remettre légèrement au four pour faire fondre le beurre.

➡ Servir aussitôt.

FRICASSÉE DE VEAU AU BASILIC

POUR 6 PERSONNES

INGRÉDIENTS :

1 épaule de veau de 1,8 kg	sel
4 oignons	poivre du moulin
50 g de farine	
2 litres de fond blanc	BOUQUET GARNI :
1 botte de basilic	poireau
10 cl de crème fraîche	thym
1 citron	laurier
3 cuillerées à soupe d'huile	queue de persil

PRÉPARATION : 10 MINUTES

➡ Tailler l'épaule de veau en morceaux de 50 g environ. Mettre dans une casserole et recouvrir d'eau. Porter à ébullition, laisser frémir 2 à 3 minutes, rafraîchir à l'eau courante puis égoutter.

➡ Pendant ce temps, faire suer les oignons émincés à l'huile sans coloration. Ajouter les morceaux de veau recouverts de farine et passer 5 minutes au four à 180 °C (thermostat 6). Remuer de temps en temps ; retirer du four, recouvrir du fond blanc. Ajouter le bouquet garni et le basilic ; saler très peu ; poivrer, laisser mijoter environ 1 heure 30.

➡ Retirer les morceaux et faire réduire la cuisson 10 minutes. Ajouter la crème et faire cuire de nouveau 5 minutes.

➡ Rectifier l'assaisonnement, verser un filet de citron et passer cette sauce sur les morceaux de viande. Réchauffer et servir bien chaud.

Astuce :

On peut servir des champignons de Paris et des petits oignons avec des pâtes et du riz.

CÔTE DE PORC FERMIÈRE PERSILLÉE, MACARONIS AU JUS

POUR 6 PERSONNES

INGRÉDIENTS :

6 côtes de porc de 160 g
500 g de macaronis
1 bouillon de poule
1 verre d'huile
50 g de beurre
1 botte de thym
3 gousses d'ail entières
+ 3 gousses émincées
1/2 botte de sauge

1/2 botte de persil plat
1 botte de ciboulette ciselée
1 échalote
50 g de parmesan
1 cuillerée à soupe
de moutarde de Dijon
1 citron
sel, poivre du moulin

PRÉPARATION : 20 MINUTES

➡ Faire cuire les macaronis dans le bouillon de poule 7 à 8 minutes, recouvrir d'une assiette et laisser gonfler.

➡ Poêler les côtes de porc à l'huile et avec une noix de beurre 5 minutes de chaque côté, puis badigeonner légèrement de moutarde. Ajouter le thym, les 3 gousses d'ail entières et la sauge. Dégraisser et déglacer avec le jus de citron, retirer les côtes de porc, les parsemer avec l'ail émincé, le persil ciselé et un filet d'huile d'arachide. Recouvrir d'une feuille d'aluminium et réserver au chaud.

➡ Rouler les macaronis au beurre mousseux dans une poêle antiadhésive 2 à 3 minutes. Assaisonner de sel et poivre, ajouter l'échalote, la ciboulette ciselée, et parsemer de parmesan.

➡ Disposer les côtes de porc dessus et arroser de jus de cuisson persillé.

JARRET DE PORCELET

CARAMÉLISÉ AU MIEL ÉPICÉ

ET CHOUCROUTE DE NAVETS

POUR 4 PERSONNES

INGRÉDIENTS :

4 jarrets de porc cuits avec le
bouillon de cuisson (achetés chez le
boucher ou le charcutier)

CARAMEL ÉPICÉ :
300 g de miel d'acacia
1 clou de girofle
3 grains de coriandre
3 grains de cardamome
3 grains d'anis étoilé
2 baies de genièvre
3 cuillérées à soupe
de vinaigre de xérès

CHOUCROUTE DE NAVETS :
1 navet long de 1 kg
3 cuillerées à soupe de graisse
d'oie
1 oignon
3 gousses d'ail
1 feuille de laurier
3 baies de genièvre
50 cl de vin blanc
50 cl de fond blanc de volaille
1 brindille de thym
sel
poivre du moulin

PRÉPARATION : 15 MINUTES

➡ Préparer la choucroute de navets de la manière suivante : émincer
l'oignon, faire suer à la graisse d'oie, ajouter l'ail, le laurier, le thym,
le genièvre et le vin blanc. Réduire de moitié, rajouter le fond blanc et
cuire 15 minutes.

➡ Éplucher le navet long. Tailler des lamelles de l'épaisseur d'une
tagliatelle, puis couper en lanières. Dans une casserole, pendant
10 minutes, les faire suer sans coloration avec 2 cuillerées de graisse
d'oie, puis mélanger avec la première préparation. Rectifier l'assaisonnement.

➡ Préparer le caramel épicé : dans une casserole, mettre le miel, les épices et faire cuire doucement afin d'obtenir un caramel d'une belle couleur blonde ; arrêter la cuisson avec le vinaigre de xérès.

➡ Égoutter les jarrets, les arroser de caramel aux épices, puis les dresser sur la choucroute de navets.

Astuce :

Lustrer les jarrets de porc avec une cuillerée de caramel en arrosant bien régulièrement, répéter l'opération plusieurs fois.

CÔTE DE BŒUF GRILLÉE

AUX ÉCHALOTES ET PERSIL PLAT

POUR 4 PERSONNES

INGRÉDIENTS :

2 côtes de bœuf de 800 g
4 échalotes
1/2 botte de persil plat
1 cœur de laitue
30 cl d'huile d'arachide
10 cl de vinaigrette
fleur de sel de Guérande
poivre du moulin

PRÉPARATION : 10 MINUTES

➥ Assaisonner les côtes de bœuf de sel de Guérande et de poivre du moulin.

➥ Faire chauffer sans matière grasse une poêle antiadhésive. Poser la côte de bœuf et la saisir, faire cuire 7 à 8 minutes sur chaque face. Ensuite, retirer la côte de la poêle, la disposer dans un plat, puis la parsemer d'échalotes et persil hachés. L'arroser d'un filet d'huile d'arachide.

➥ Laisser reposer au-dessus du fourneau 10 minutes et recouvrir d'un papier aluminium.

➥ Trancher la côte de bœuf et arroser de jus de viande ; servir avec le cœur de laitue. Assaisonner de vinaigrette.

PLATS

UNIQUES

PETIT SALÉ AUX LENTILLES

POUR 6 PERSONNES

INGRÉDIENTS :

1,5 kg de petit salé (morceaux variés)
600 g de petites lentilles vertes
2 oignons
2 clous de girofle
1 grosse carotte
1 bouquet garni
persil frais
sel
poivre du moulin

PRÉPARATION : 10 MINUTES

➡ Faire dessaler les viandes à l'eau froide pendant 1 à 2 heures. Les mettre dans une grande marmite, couvrir d'eau froide et faire cuire à petits bouillons pendant 2 heures.

➡ Rincer les lentilles. Peler les oignons, piquer un oignon de 2 clous de girofle et couper l'autre en quartiers. Peler la carotte et la couper en tronçons. Mettre ces légumes dans une casserole, couvrir largement d'eau froide et ajouter le bouquet garni. Saler et poivrer. Porter lentement à ébullition et laisser cuire doucement pendant 40 minutes.

➡ Égoutter les lentilles avec les carottes, jeter les oignons et le bouquet garni. Égoutter les viandes et les couper en morceaux. Prélever 4 cuillerées à soupe de la cuisson du petit salé.

➡ Réunir les lentilles et les viandes dans une casserole à fond épais ; arroser de bouillon, poivrer et couvrir. Laisser mijoter doucement pendant 20 minutes. Servir brûlant en parsemant le dessus de persil frais haché.

DAUBE DE MAMIE

POUR 6 PERSONNES

INGRÉDIENTS :

3 kg de paleron ou gîte de bœuf
3 kg de carottes
3 litres de vin rouge
300 g de couenne
250 g d'échalotes
1 tranche de jambon de pays
hachée très finement
1 verre d'huile d'olive
2 cuillerées à soupe de farine
1 verre d'armagnac
5 morceaux de sucre
sel
poivre du moulin

PRÉPARATION : 20 MINUTES

➥ Faire bouillir le vin pendant une heure.

➥ Éplucher et couper les carottes en grosses rondelles.

➥ Dans une poêle, faire colorer à l'huile d'olive les morceaux de viandes saupoudrés de farine ; réserver. Faire revenir ensuite les carottes dans une casserole ; après belle coloration, ajouter la couenne blanchie et coupée en dés ainsi que la tranche de jambon de pays, puis les échalotes hachées. Faire suer 3 à 4 minutes, réserver.

➥ Dans une casserole, mettre les morceaux de viande, les échalotes, la couenne et les carottes par couches successives. Recouvrir de vin rouge, saler, poivrer, sucrer, laisser cuire 2 à 3 heures à feu doux.

➥ Au dernier moment, ajouter le verre d'armagnac. Le lendemain, refaire mijoter 1 heure, en vérifiant que la daube n'attache pas.

HACHIS PARMENTIER DE BŒUF

GRATINÉ

POUR 6 PERSONNES

INGRÉDIENTS :

600 g de joue de bœuf parée
500 à 600 g de pommes
de terre ratte
1 oignon émincé
1 botte de persil
3 à 4 cuillerées de chapelure
sel, poivre du moulin

GARNITURE AROMATIQUE
2 oignons moyens
2 poireaux tendres
2 carottes bien rouges
1 bouquet garni

PRÉPARATION : 15 MINUTES

➡ Éplucher, laver les poireaux, les carottes et 2 oignons.

➡ Faire cuire la joue de bœuf comme pour un pot-au-feu, avec la garniture aromatique. Faire revenir 1 oignon émincé, ajouter le persil haché et la viande émiettée. Faire braiser au four à 180 °C (thermostat 6) avec un peu de bouillon 20 à 25 minutes.

➡ Confectionner une bonne purée de pommes de terre.

➡ Beurrer le fond du plat et alterner une couche de purée, une couche de hachis jusqu'à ce que le plat soit rempli. Saupoudrer de chapelure et finir au four 7 à 8 minutes.

POULE AU POT

POUR 6 PERSONNES

INGRÉDIENTS :

1 poule de 2 kg
1 bouquet garni
sel
poivre du moulin

FARCE :
Foie, cœur, gésier de la poule
200 g de jambon ou de chair
à saucisse
250 g de mie de pain
15 cl de lait
2 œufs
3 gousses d'ail
3 échalotes
1 cuillerée à soupe de persil haché
1 cuillerée à soupe
d'estragon haché
noix de muscade
sel, poivre du moulin

BOUILLON :
6 carottes
5 poireaux
3 navets
1 branche de céleri
1 oignon piqué de
clous de girofle
5 gousses d'ail

PRÉPARATION : 20 MINUTES

➡ Mettre à tremper la mie de pain dans un bol rempli de lait. Hacher ensemble le cœur, le foie et le gésier de la poule, ainsi que le jambon, l'ail, les échalotes, le persil et l'estragon.

➡ Mélanger le hachis avec la mie de pain essorée. Assaisonner de sel, de poivre et de quelques râpures de noix de muscade. Lier la farce avec les 2 œufs.

➡ Farcir la poule et bien recoudre. Porter 3 à 4 litres d'eau à ébullition, y mettre la poule à cuire pendant 1 heure. Ajouter les légumes détaillés en rondelles ou en bâtonnets, le bouquet garni et laisser cuire encore 2 heures. En fin de cuisson, assaisonner de sel et poivre.

CASSOULET

POUR 6 PERSONNES

INGRÉDIENTS :

1 kg de haricots blancs frais
1 petite épaule d'agneau
600 g de saucisse fraîche
au couteau
600 g de rôti de porc
200 g de graisse d'oie
3 cuisses de canard confites
1 kg de tomates concassées
1 cuillerée de tomate concentrée
1 cuillerée à soupe d'huile
d'arachide
200 g d'oignons

100 g de chapelure
1/2 botte de persil
6 gousses d'ail
fleur de thym

GARNITURE :
250 g de poitrine fumée demi-sel
250 g de couenne de porc
250 g de saucisson à cuire
1 oignon
2 carottes
clou de girofle

PRÉPARATION : 30 MINUTES

➡ Mettre à cuire les haricots avec la poitrine et la couenne ficelée avec la garniture, les réserver dans la cuisson.

➡ Couper l'épaule d'agneau en morceaux, cuire comme un sauté d'agneau non lié, bien enduire avec quelques cuillerées de tomate concentrée.

➡ Faire rissoler la saucisse fraîche dans la graisse d'oie.

➡ Faire rôtir au four à 180 °C (thermostat 6) le rôti de porc pendant 45 minutes. Une fois cuit, le trancher.

➡ Ciseler les oignons, hacher les 6 gousses d'ail et couper la couenne en julienne, compoter (cuire doucement) le tout dans la graisse d'oie, ajouter la tomate concassée et concentrée, la fleur de thym puis les haricots blancs égouttés. Mouiller avec la cuisson de l'agneau et un peu de cuisson de haricot. Laisser cuire doucement sur le coin du fourneau ; en fin de cuisson ajouter le persil haché.

➡ Disposer dans un plat les haricots confits, quelques morceaux d'agneau, une tranche de poitrine, une rouelle de saucisson, un morceau de confit (cuisse), un morceau de saucisse, puis saupoudrer de chapelure avec un filet de graisse d'oie.

➡ Gratiner à la salamandre, au four (thermostat 7) pour obtenir une belle coloration. Servir très chaud.

NAVARIN AUX POMMES

POUR 6 PERSONNES

INGRÉDIENTS :

1,6 kg d'épaule parée et désossée
1,6 kg de pommes de terre à chair ferme
200 g d'oignons
200 g de carottes
1 bouquet garni
4 gousses d'ail
4 cuillerées à soupe de farine
1 cuillerée à soupe de tomate concentrée
250 g de petits oignons
1/2 botte de persil
1 verre d'huile
1 cuillerée à soupe de beurre
sel
poivre du moulin
sucre

PRÉPARATION : 15 MINUTES

➥ Éplucher, laver les carottes et les oignons ; les détailler en petits dés. Laver et équeuter le persil et confectionner le bouquet garni. Éplucher, laver, écraser les gousses d'ail.

➥ Faire rissoler la viande dans une grande casserole avec de l'huile. Ajouter la garniture aromatique et la laisser suer à feu doux pendant quelques minutes. Dégraisser soigneusement.

➥ Saupoudrer de farine et torréfier la farine en plaçant la sauteuse dans le four à 180 °C (thermostat 6) pendant quelques minutes. Ajouter le concentré de tomate et mélanger à l'aide d'une petite écumoire.

➥ Mouiller avec de l'eau froide et porter à ébullition. Ajouter le bouquet garni et l'ail. Assaisonner et faire cuire le navarin à four couvert à 200 °C (thermostat 6/7) pendant 35 à 40 minutes environ.

➥ Éplucher, laver les pommes de terre, les blanchir puis les égoutter sans les rafraîchir. Éplucher, laver les petits oignons. Les mettre dans une casserole, couvrir d'eau à mi-hauteur, ajouter le beurre, 1 pincée de sucre et de sel.

➥ Essorer, concasser et hacher le persil. Sortir le navarin du four aux trois quarts de sa cuisson. Retirer les morceaux de viande dans un récipient identique. Ajouter les pommes de terre blanchies. Passer la sauce si nécessaire. Terminer la cuisson à couvert.

DINDE AUX MARRONS

ET CHIPOLATAS

POUR 6 PERSONNES

INGRÉDIENTS :

1 dinde de 4 kg
200 g de panne de porc
250 g de chipolatas
250 g de marrons
50 g de truffes
1 doigt de cognac
2 cuillerées à soupe d'huile d'arachide
2 cuillerées à soupe de beurre
sel
poivre du moulin

PRÉPARATION : 15 MINUTES

➥ Vider et flamber la dinde, couper les pattes en retirant les nerfs. Passer la panne de porc à la grille de votre hachoir.

➥ Hacher la truffe et la mélanger avec le cognac. Décoller la peau de la poitrine et des cuisses à l'aide du doigt et glisser délicatement la farce fine truffée.

➥ Faire sauter dans une poêle les marrons et les chipolatas. Farcir la dinde de ce mélange. Ficeler la dinde, la mettre dans une casserole à bord assez haut sur un lit composé des abats de la volaille, arroser d'huile et de beurre, saler et poivrer.

➥ Faire cuire au four à 140 °C (thermostat 4/5) pendant 2 heures. Arroser plusieurs fois en cours de cuisson. À mi-cuisson, protéger la dinde avec une feuille d'aluminium graissée.

➡ Une fois la dinde cuite, retirer l'excédent de graisse et mouiller avec 3 verres d'eau pour obtenir un jus gras. Saler et poivrer, faire cuire à nouveau 4 à 5 minutes à feu doux.

➡ Découper la viande et disposer les morceaux sur un plat chaud, verser le jus de cuisson.

VOLAILLE DE BRESSE RÔTIE

POUR 4 PERSONNES

INGRÉDIENTS :

1 volaille de Bresse vidée de 1,5 kg

3 gousses d'ail

2 branches de thym

1 feuille de laurier

3 cl d'huile d'arachide

20 g de beurre

1/2 carotte

1/2 oignon

2 cl de vin blanc

sel fin

sel de Guérande

poivre du moulin

poivre concassé

BEURRE D'HERBES :

1/4 de botte de cerfeuil

1/4 de botte d'estragon

1/4 de botte de ciboulette

1/4 de botte de persil

2 échalotes

100 g de beurre

sel, poivre du moulin

PRÉPARATION : 15 MINUTES

➡ Préparer le beurre d'herbes : effeuiller, laver et hacher les herbes. Peler et ciseler les échalotes. Mélanger le tout avec le beurre ramolli, saler, poivrer. Réserver.

➡ Cuisson de la volaille : préchauffer le four à 240 °C (thermostat 8/9).

➡ Couper le cou et dégager la peau de la volaille, puis glisser délicatement votre doigt entre la peau et les blancs. Incorporer sous la peau une fine couche de beurre d'herbes à l'aide d'une cuillère à soupe.

➡ Brider la volaille et la poser dans un plat allant au four. Ajouter l'ail, le thym et le laurier. Mettre un filet d'huile, 2 noisettes de beurre, saler, poivrer. Enfourner et cuire pendant 1 heure environ, en retournant et en arrosant régulièrement la volaille.

➥ Avant de servir, tailler carotte et oignon en mirepoix (petits dés de 1/2 cm environ). Sortir la volaille du four, dégraisser le plat puis laisser suer la mirepoix à feu doux. Déglacer avec le vin blanc, verser 15 cl d'eau, ajouter le poivre concassé, puis laisser réduire. Passer le jus au chinois au-dessus d'une saucière.

DESSERTS

TARTE AU CITRON

POUR 6 PERSONNES

INGRÉDIENTS :

CRÈME AU CITRON :
420 g de jus de citron
zestes de 2 citrons
375 g de sucre semoule
250 g de beurre
6 jaunes d'œufs
180 g de sucre semoule

CITRON CONFIT :
1 citron en julienne
eau
sucre en poudre

PÂTE SABLÉE :
225 g de farine
80 g de sucre glace
4 jaunes d'œufs
90 g de beurre

MERINGUE :
3 blancs d'œufs
50 g de sucre

PRÉPARATION : 15 MINUTES

➥ Pour la crème au citron, faire bouillir ensemble le jus de citron, les zestes, le sucre semoule (375 g) et le beurre. Blanchir les jaunes d'œufs avec le sucre restant et incorporer à la crème. Laisser cuire l'ensemble pendant 5 minutes.

➥ Préchauffer le four à 220 °C (thermostat 7/8).

➥ Préparer la pâte sablée en tamisant la farine et le sucre glace. Y ajouter les jaunes d'œufs et le beurre. Mélanger ; la pâte doit être lisse. Étaler la pâte et la poser sur un moule beurré. La faire cuire 5 minutes à blanc (mettre des légumes secs pour que la pâte ne gonfle pas).

➡ Préparer le citron confit : découper le citron en julienne et le faire bouillir dans un sirop composé d'1 verre d'eau et d'1 verre de sucre en poudre.

➡ Pour la meringue, monter les blancs en neige ferme et y incorporer le sucre.

➡ Laisser refroidir la pâte. Y verser la crème au citron et décorer avec le citron confit et la meringue que vous étalerez à la spatule avant de la faire dorer 5 minutes à four chaud à 220 °C (thermostat 8).

TARTE AU FROMAGE BLANC

POUR 6 PERSONNES

INGRÉDIENTS :

500 g de fromage blanc bien égoutté
50 g de sucre en poudre
50 g de farine
50 g de crème fraîche
2 œufs

PÂTE BRISÉE :
125 g de farine
1 jaune d'œuf
90 g de beurre
1 pincée de sucre semoule
1 cuillerée à soupe de lait
1 pincée de sel fin

PRÉPARATION : 10 MINUTES

➡ Préparer la pâte brisée : mélanger la farine, le jaune d'œuf, le sel, le sucre, le lait et le beurre en dernier. Laisser reposer 30 minutes. Abaisser la pâte très fine. La garder au réfrigérateur.

➡ Préchauffer le four à 180 °C (thermostat 6). Dans une terrine, mélanger le fromage blanc, le sucre, la farine, la crème fraîche et les œufs battus.

➡ Verser cette préparation dans le moule et enfourner pendant environ 45 minutes. Servir froid.

FRAMBOISES, CRÈME DE MASCARPONE AU JUS DE MIEL ET CITRON VERT

POUR 6 PERSONNES

INGRÉDIENTS :

3 barquettes de framboises bien mûres
250 g de mascarpone
25 cl de chantilly
10 g de miel
3 citrons

PRÉPARATION : 10 MINUTES

➡ Faire chauffer légèrement le miel pour le faire fondre, ajouter le jus des 3 citrons, bien mélanger et laisser au frais.

➡ Bien mélanger le mascarpone et la chantilly afin d'obtenir une crème bien homogène. Mettre la crème au mascarpone au fond d'un saladier et disposer dessus les framboises.

➡ Au moment de servir, arroser avec le jus de miel. On peut dresser ce dessert dans des assiettes creuses.

POÊLÉE DE CERISES BURLAT, GLACE VANILLE

POUR 6 PERSONNES

INGRÉDIENTS :

**1 kg de cerises burlat
150 g de beurre
6 cuillerées à soupe de gelée de fruits rouges
25 cl de glace vanille**

PRÉPARATION : 5 MINUTES

➥ Laver et égoutter les cerises.

➥ Dans une grande poêle, faire fondre le beurre. Lorsqu'il commence à prendre une légère coloration, faire revenir les cerises à feu vif, puis ajouter les 6 cuillerées de gelée de fruits et 2 verres d'eau. Porter à ébullition, débarrasser dans un saladier et tenir au chaud.

➥ Au moment de servir, déposer une quenelle de glace vanille au milieu d'assiettes creuses et verser dessus les cerises avec le jus.

➥ L'intérêt de cette recette, c'est le contraste chaud et froid ; il est donc très important que les cerises soient chaudes.

POIRES EN COCOTTE AUX NOIX ET PISTACHES, GLACE AU THYM

POUR 6 PERSONNES

INGRÉDIENTS :

6 belles poires
1 gousse de vanille
1 clou de girofle
12 noix
12 pistaches
4 rondelles de citron
2 noix de beurre demi-sel
1 verre d'eau

2 cuillerées à soupe de sucre
250 g de pâte feuilletée
25 cl de glace au thym

SAUCE CHOCOLAT :
200 g de chocolat à cuire
100 g de beurre
10 cl d'eau

PRÉPARATION : 10 MINUTES

➡ Éplucher les poires. Les disposer dans une cocotte avec la vanille, le clou de girofle, les noix et les pistaches décortiquées, les rondelles de citron, le beurre, l'eau et le sucre.

➡ Mettre le couvercle et fermer hermétiquement avec la pâte feuilletée. Faire cuire au four à 220 °C (thermostat 7/8) pendant 40 minutes, laisser reposer 10 minutes.

➡ Faire fondre le chocolat au bain-marie, ajouter le beurre et l'eau.

➡ Casser la croûte du feuilletage, dresser les poires, napper de jus de cuisson, servir le feuilletage à part. Accompagner d'une glace au thym et de la sauce chocolat. Décorer avec les noix et pistaches.

PUDDING DE PAIN

AUX FRUITS CONFITS

POUR 4 PERSONNES

INGRÉDIENTS :

250 g de pain rassis
1/4 de litre de lait
1 œuf
50 g de beurre
75 g de sucre roux ou blanc
2 cuillerées à café de quatre épices
1 cuillerée de crème fraîche
50 g de fruits confits
50 g de raisins secs
zeste d'une demi-orange
zeste d'un demi-citron

PRÉPARATION : 10 MINUTES

➥ Enlever la croûte du pain et le couper en gros morceaux. Les laisser tremper dans le lait 10 minutes. Faire gonfler les raisins secs dans de l'eau chaude.

➥ Ajouter au pain trempé l'œuf, le beurre fondu, le sucre, les quatre épices, les zestes et la crème fraîche. Bien mélanger. Ajouter les fruits confits et les raisins.

➥ Verser l'ensemble dans un moule beurré et mettre au four à 160 °C (thermostat 5) pendant 1 heure 15.

MOUSSE AU CHOCOLAT

POUR 6 PERSONNES

INGRÉDIENTS :

250 g de chocolat à cuire
100 g de beurre
4 œufs
40 g de sucre semoule

PRÉPARATION : 5 MINUTES

➥ Dans une casserole, faire fondre au bain-marie le chocolat concassé. Incorporer le beurre en parcelles et mélanger jusqu'à consistance de pommade bien lisse et homogène à l'aide d'une spatule en bois.

➥ Hors du feu, ajouter les jaunes d'œufs et mélanger délicatement.

➥ Monter les blancs d'œufs en neige ferme en incorporant le sucre semoule avec une spatule. Mélanger délicatement avec le chocolat.

➥ Verser dans un récipient et laisser au réfrigérateur pendant 2 heures au minimum.

TARTE AU CHOCOLAT

POUR 6 PERSONNES

INGRÉDIENTS :

PÂTE SABLÉE :
150 g de beurre ramolli
95 g de sucre glace
30 g de poudre d'amandes
250 g de farine
1 œuf
beurre pour le moule
farine pour le moule
sel fin

150 g de sucre semoule
45 g de farine
4 jaunes d'œufs

CRÈME AU CHOCOLAT :
700 g de chocolat à 70 % de cacao
8 jaunes d'œufs
180 g de sucre semoule
1 litre de crème liquide

BISCUIT AU CHOCOLAT :
150 g de chocolat à 70 % de cacao
45 g de beurre
3 blancs d'œufs

GLAÇAGE :
200 g de chocolat noir
75 g de beurre ramolli

PRÉPARATION : 20 MINUTES

➡ Préparer la pâte sablée : mélanger le beurre avec le sucre glace, la poudre d'amandes, le sel et l'œuf entier. Ajouter la farine et travailler la pâte jusqu'à ce qu'elle soit homogène. Réserver au réfrigérateur pendant 1 heure.

➡ Préchauffer le four à 180 °C (thermostat 6). Étaler finement la pâte sur 2 mm d'épaisseur environ et foncer un moule à tarte de 20 cm de diamètre, beurré et fariné. Enfourner et faire cuire pendant 10 minutes à blanc.

➡ Préparer le biscuit : faire fondre le chocolat avec le beurre à 45 °C. Monter les blancs d'œufs en neige avec le sucre semoule jusqu'à obtenir une meringue légère. L'incorporer délicatement au chocolat fondu. Ajouter la farine et les jaunes d'œufs, mélanger de nouveau.

➥ Préchauffer le four à 200 °C (thermostat 6). Foncer un moule à biscuit de papier sulfurisé. Verser la pâte, enfourner et laisser cuire 15 minutes.

➥ Préparer la crème : mélanger les jaunes d'œufs avec le sucre semoule. Porter la crème liquide à ébullition et l'incorporer dans le mélange. Faire cuire le tout à feu doux pendant 5 minutes environ, sans cesser de remuer, jusqu'à ce que la crème nappe la cuillère.

➥ La verser en filet sur le chocolat haché, toujours en remuant. Verser les deux tiers de la crème au chocolat dans le fond de tarte cuit. Poser le biscuit puis ajouter le reste de crème au chocolat.

➥ Pour le glaçage, faire fondre au bain-marie le chocolat et ajouter le beurre ramolli. Décorer votre tarte au chocolat en lissant avec une spatule.

BÛCHE CHOCOLAT-FRAMBOISE

POUR 6 PERSONNES

INGRÉDIENTS :

MOUSSE AU CHOCOLAT :
300 g de chocolat amer
50 g de beurre
9 blancs d'œufs
7 jaunes d'œufs
170 g de sucre semoule

BISCUIT :
160 g de sucre semoule
6 blancs d'œufs
6 jaunes d'œufs
140 g de farine
25 g de cacao en poudre

FRAMBOISES PÉPINS :
250 g de framboises fraîches
125 g de sucre
1 cuillerée à café de jus de citron

POUR IMBIBER LE BISCUIT :
10 cl d'eau
100 g de sucre
1 cuillerée à soupe de liqueur de framboise
confiture de framboise

PRÉPARATION : 15 MINUTES

➥ Préparer la mousse au chocolat : faire fondre le chocolat et le beurre. Monter les blancs en neige avec le sucre. Ajouter les jaunes d'œufs puis le chocolat et le beurre, mélanger délicatement.

➥ Faire bouillir 2 minutes les framboises et le sucre. Ajouter le jus de citron et laisser bouillir à nouveau 2 minutes.

➥ Préparer le biscuit : monter les blancs en neige avec le sucre. Ajouter les jaunes d'œufs et la farine. Mélanger avec le cacao en poudre. Étaler sur une feuille sulfurisée. Faire cuire au four à 200 °C (thermostat 6/7) pendant 8 minutes.

➡ Mélanger l'eau, le sucre et la liqueur de framboise. Imbiber le biscuit avec ce mélange, étaler de la confiture de framboise puis la mousse au chocolat, rouler en serrant bien, recouvrir de mousse au chocolat et décorer.

CRÈME BRÛLÉE

POUR 6 PERSONNES

INGRÉDIENTS :

50 cl de lait
50 cl de crème liquide
5 gousses de vanille
9 jaunes d'œufs
180 g de sucre en poudre
100 g de cassonade brune

PRÉPARATION : 5 MINUTES

➡ Fendre les gousses de vanille, en gratter l'intérieur et les mettre dans une casserole avec le lait et la crème. Porter à ébullition, puis éteindre le feu et laisser infuser 30 à 40 minutes. Filtrer le mélange dans une passoire très fine ou dans un chinois.

➡ Préchauffer le four à 100 °C (thermostat 3/4).

➡ Dans un saladier, mélanger les jaunes et le sucre avec une cuillère en bois. Puis verser peu à peu le mélange lait-crème en délayant bien avec la cuillère.

➡ Filtrer de nouveau la crème, puis la répartir dans 6 plats à œufs en porcelaine à feu, et les mettre au four pendant 45 minutes environ. Vérifier leur cuisson en remuant les plats : les crèmes ne doivent plus être « tremblantes » au centre. Les laisser refroidir à température ambiante, puis les mettre au réfrigérateur pendant 3 heures au moins.

➡ Au moment de les servir, éponger délicatement le dessus des crèmes avec un papier absorbant, puis les poudrer de cassonade.

➡ Les caraméliser très légèrement en les passant rapidement sous le gril du four : il ne faut pas que les crèmes soient chauffées. Les servir aussitôt.

CRÊPES FOURRÉES
À LA CRÈME PÂTISSIÈRE

POUR 6 PERSONNES

INGRÉDIENTS :

500 g de farine
100 g de sucre semoule
6 œufs
1 litre de lait
zeste de 1 citron
zeste de 1 orange
sel

CRÈME PÂTISSIÈRE :
50 cl de lait
4 œufs
125 g de sucre semoule
70 g de farine
1/2 gousse de vanille
1 verre de Grand Marnier

PRÉPARATION : 15 MINUTES

➡ Disposer la farine en fontaine dans un saladier. Ajouter une pincée de sel, le sucre semoule et les œufs. Mélanger délicatement les œufs et une partie de la farine. Incorporer les zestes de citron et d'orange. Verser progressivement le lait tout en continuant à remuer : la pâte doit être lisse, parfaitement homogène. Passer la pâte à crêpe dans une passoire et laisser reposer pendant 1 heure. Poêler les crêpes.

➡ Préparation de la crème pâtissière : faire bouillir le lait avec la vanille ouverte en deux. Blanchir les jaunes d'œufs avec le sucre. Ajouter la farine. Mélanger sur le feu jusqu'à ébullition, parfumer au Grand Marnier. Laisser refroidir.

➡ Fourrer les crêpes de crème pâtissière. Disposer sur un plat, saupoudrer de sucre semoule. Marquer les crêpes au fer ou avec un couteau chauffé à rouge.

GALETTE DES ROIS

POUR 6 PERSONNES

INGRÉDIENTS :

600 g de pâte feuilletée
1 fève
1 œuf battu (décoration galette)

CRÈME FRANGIPANE (pour 500 g) :
100 g de beurre à température ambiante
100 g de sucre glace
100 g de poudre d'amande
1 cuillerée à café de fécule de maïs
2 œufs
1 goutte d'essence d'amande amère

PRÉPARATION : 10 MINUTES

➡ Couper le beurre en petits morceaux, le mettre dans une terrine et le ramollir avec une spatule, sans le faire mousser.

➡ Ajouter successivement le sucre glace, la poudre d'amande, la fécule de maïs, les œufs et la goutte d'essence d'amande amère, en fouettant au batteur électrique à petite vitesse.

➡ Étaler la pâte feuilletée et la laisser reposer au réfrigérateur pendant 20 minutes. L'aplatir au rouleau pour obtenir un disque bien régulier sur 5 mm d'épaisseur. Étaler la crème frangipane sur une épaisseur régulière jusqu'à 1 cm du bord de la pâte. Étaler un deuxième disque de feuilletage de même diamètre. Dorer le bord de la galette, y disposer le deuxième disque en appuyant légèrement pour le coller. Faire des incisions au couteau du bord de la galette vers l'intérieur. Bien égaliser le pourtour et introduire la fève à quelques centimètres du bord.

➥ Retourner la galette sur une plaque humidifiée. Battre un œuf dans une tasse et dorer au pinceau toute sa surface. Avec un petit couteau, tracer des rayures parallèles, espacées, dans un sens puis dans l'autre, de façon à former des losanges. Laisser reposer au réfrigérateur pendant 30 minutes. Préchauffer le four à 250 °C (thermostat 8/9).

➥ Glisser la galette dans le four, puis baisser la chaleur à 200 °C (thermostat 6/7) et poursuivre la cuisson pendant 40 minutes. Servir chaud ou tiède.

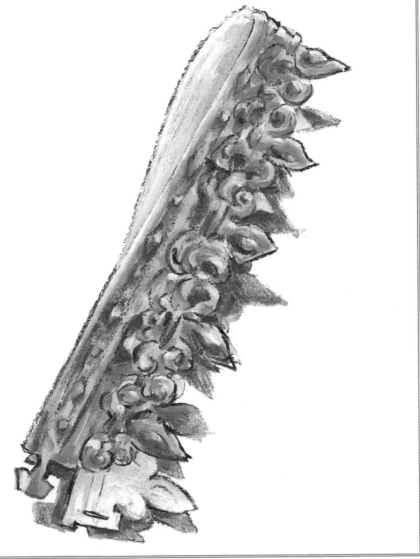

RIZ AU LAIT À LA VANILLE

ET AU CARAMEL

POUR 6 PERSONNES

INGRÉDIENTS :

130 g de riz rond
1 litre de lait
2 gousses de vanille
150 g de sucre
3 cuillerées à soupe d'eau
25 cl de crème liquide

PRÉPARATION : 8 MINUTES

➥ Laver le riz à l'eau courante, l'égoutter et le réserver.

➥ Faire bouillir le lait avec les 2 gousses de vanille fendues en deux. Ajouter le riz. Faire cuire à feu doux 7 à 8 minutes tout en continuant à remuer jusqu'à ce que le riz soit éclaté.

➥ Préchauffer le four à 150 °C (thermostat 5). Préparer le caramel avec le sucre et l'eau. Lorsque le caramel est bien doré, le verser dans un plat allant au four, ajouter le riz et enfourner pendant 18 à 20 minutes.

➥ Pendant la cuisson, monter la crème liquide en chantilly sans la sucrer et la conserver au réfrigérateur.

➥ Lorsque le riz est cuit, le mettre dans un saladier et retirer les gousses de vanille. Laisser refroidir et incorporer délicatement la crème chantilly.

➥ On peut servir ainsi ou bien accompagné de marmelade de fruits ou d'une glace à la vanille.

ROCHERS AU CHOCOLAT
ET RIZ SOUFFLÉ CARAMÉLISÉ

POUR 6 PERSONNES

INGRÉDIENTS :

600 g de chocolat noir
100 g de riz soufflé

PRÉPARATION : 5 MINUTES

➡ Faire fondre 450 g de chocolat au bain-marie (il ne faut surtout pas le faire trop chauffer). Tailler très finement le reste du chocolat (150 g) et, hors du feu, bien le mélanger à l'autre chocolat fondu.

➡ Ajouter le riz soufflé. Remuer le tout pour obtenir un mélange homogène. Sur une feuille de papier sulfurisé légèrement huilée, faire des petits tas et les conserver au frais. Dès qu'ils ont refroidi, on peut les consommer.

Astuce :

Recette facile à réaliser par des enfants.

VÉRITABLE GÂTEAU NANTAIS

POUR 8 PERSONNES

INGRÉDIENTS :

3 œufs
100 g de beurre
100 g de sucre
150 g d'amande en poudre
1/2 sachet de levure chimique
zeste de 1 orange
8 belles amandes entières mondées grillées
250 g de nappage abricot
sel

SIROP DE RHUM :
100 g de sucre
100 g d'eau
jus de 1 orange
25 cl de rhum

PRÉPARATION : 8 MINUTES

➡ Faire le sirop de rhum : laisser bouillir le sucre avec l'eau, ajouter le jus d'orange, le rhum, laisser refroidir.

➡ Séparer les blancs des jaunes, réserver les blancs. Mélanger dans un cul-de-poule le beurre en pommade, le sucre, le zeste d'orange et les jaunes d'œufs ; bien monter le tout, puis incorporer le sel, la levure et la poudre d'amande. Monter les blancs en neige et mélanger le tout.

➡ Mettre ce mélange dans un moule de 20 cm de diamètre beurré et fariné et laisser cuire pendant 20 à 30 minutes au four à 180 °C (thermostat 6).

➡ Démouler le gâteau encore tiède sur une grille et l'imbiber de sirop de rhum en l'arrosant doucement, mais en plusieurs fois. Il faut « détremper » le gâteau de sirop. Le mettre au réfrigérateur pendant 24 heures.

➡ Si c'est nécessaire, imbiber à nouveau le gâteau, puis disposer les 8 amandes en décoration et napper avec l'abricot. Servir frais.

➡ On peut accompagner ce dessert avec une crème anglaise à la vanille.

MADELEINES AU MIEL

INGRÉDIENTS (POUR 30 PIÈCES) :

3 œufs
130 g de sucre semoule
30 g de miel de sapin
1/2 tasse à café de lait
1 pincée de vanille en poudre
1 cuillerée à soupe de vanille liquide
200 g de farine
10 g de levure chimique
200 g de beurre
beurre pour le moule

PRÉPARATION : 8 MINUTES

➥ Mélanger les œufs avec le sucre semoule, le miel, le lait et la vanille. Incorporer la farine et la levure.

➥ Réaliser un beurre légèrement noisette, passer au chinois et laisser tiédir. Verser dans la pâte à madeleines et mélanger délicatement sans émulsionner. Laisser reposer au réfrigérateur pendant 24 heures.

➥ Préchauffer le four à 240 °C (thermostat 8). Beurrer et fariner le moule à madeleines.

➥ Verser une cuillerée à soupe dans chaque compartiment. Poser sur la plaque du four et faire cuire pendant 4 minutes, puis baisser la température du four à 200 °C (thermostat 6/7) et prolonger la cuisson 4 autres minutes.

INDEX DES RECETTES

A

Anchois marinés au sel
  de Guérande, 32
Artichauts poivrade à l'huile
  d'olive, 27
Aubergines farcies, tomates,
  parmesan, basilic et jambon
  blanc, 54

B

Beignets de fleurs de courgette
  de Cannes, 48
Beignets de légumes à la tempura,
  sauce tartare au soja, 30
Bouillon d'herbes potagères, 8
Bouillon de langoustines, 15
Bouillon de poule aux châtaignes
  et foie gras, 17
Brochettes de lotte panées
  au lard fumé, 81
Bûche chocolat-framboise, 128

C

Carpaccio de foie de
  canard mariné, 19
Carré d'agneau frotté aux épices,
  figues au miel, 92
Carré d'agneau, gratin niçois, 93
Cassoulet, 108
Caviar d'aubergines, 47

Colinot de ligne pané
  au poivre mignonnette, polenta
  à l'huile d'olive, 71
Côte de bœuf grillée aux échalotes
  et persil plat, 100
Côte de porc fermière persillée,
  macaronis au jus, 97
Côte de veau de lait cuite
  en cocotte, jus corsé au goût
  d'herbes, 94
Crème brûlée, 130
Crème de haricots tarbais glacée
  et parfumée au romarin, 12
Crème de lentilles
  au lard fumé, 10
Crème de potiron aux dés de
  fromage, 14
Crêpes fourrées à la crème
  pâtissière, 131
Croustillant de bar aux amandes,
  poire dorée et citron, 76

D

Daube de mamie, 105
Dinde aux marrons
  et chipolatas, 112

E

Émincé de Saint-Jacques cuites
  au citron vert et aneth, 39

F

Filet d'agneau en croûte
    d'herbes, 87
Filet de bar poêlé à l'oseille,
    câpres, anchois et citron, 74
Filet de lisette, salade de pommes
    ratte, sauce raifort, 38
Filets de rouget à la harissa, figues
    rôties au sésame, 68
Foie gras confit, 21
Foie gras de canard
    aux raisins, 20
Foie gras de canard poêlé
    au pain d'épices, 22
Fonds d'artichauts, purée de céleri
    à la moelle, 28
Framboises, crème
    de mascarpone au jus de miel
    et citron vert, 121
Fricassée d'asperges vertes à l'œuf
    mollet et cassé, 31
Fricassée de veau
    au basilic, 96

G

Galette des rois, 132
Gigot de Pauillac en croûte
    d'herbes, haricots coco
    au jus, 90
Gratin aux pommes
    de terre, 52
Gratin d'endives
    au jambon, 49
Gratin de brocolis
    et chou-fleur, 50

H

Hachis parmentier de bœuf
    gratiné, 106
Homard breton froid, macédoine de
    pomme fruit et avocat, 42
Huîtres au granité de leur jus
    et poêlée de chipolatas, 35
Huîtres en gelée au confit
    d'échalotes, 36

J

Jarret de porcelet caramélisé
    au miel épicé et choucroute
    de navets, 98

L

Lasagnes en vinaigrette, encornet
    et parmesan, 62
Lavaret en croûte, 78

M

Madeleines au miel, 138
Mousse au chocolat, 125

N

Navarin aux pommes, 110

P

Papillote de moules
    dieppoises, 33
Papillote de palourdes
    au thym, 34
Pâtes au pistou et coquillages, 58
Pâtes papillon aux palourdes, 60

Petit salé aux lentilles, 104

Pétoncles rôtis au beurre demi-sel
    à la ciboulette, 66

Pintade fermière en cocotte
    à l'étouffée de marrons, 84

Poêlée de cabillaud en écailles
    de chorizo, purée de haricots
    au vinaigre, 72

Poêlée de cerises burlat, glace
    vanille, 122

Poêlée de coquilles Saint-Jacques,
    endives au parfum d'oranges
    amères, 67

Poires en cocotte aux noix
    et pistaches, glace au thym, 123

Pommes de terre darphin, 53

Potage tomates, vermicelle et yeux
    d'huile d'olive, 9

Poule au pot, 107

Poulet aux citrons
    et olives confits, 86

Pudding de pain
    aux fruits confits, 124

R

Râble de lapin rôti à la moutarde,
    romarin et pâtes fraîches, 88

Raviolis de munster, 61

Rémoulade de céleri-rave
    au persil plat, 26

Riz au lait à la vanille
    et au caramel, 134

Rochers au chocolat et riz soufflé
    caramélisé, 135

S

Salade de noix de Saint-Jacques
    aux copeaux de parmesan
    et vinaigre de xérès, 40

Salsifis persillés, 46

Saumon rôti en croûte, farci
    de noix et noisettes
    au romarin, 80

Soupe de morue salée,
    poireaux et pommes de terre,
    relevée au chorizo, 16

T

Tagliatelles aux pointes
    d'asperges et saumon fumé, 56

Tarte à la tomate confite, 24

Tarte au chocolat, 126

Tarte au citron, 118

Tarte au fromage blanc, 120

Terrine de foie gras de canard, 18

Tomates farcies en effeuillée
    de raie à l'échalote grise, 70

V

Véritable gâteau nantais, 136

Volaille de Bresse rôtie, 114

Le Violon d'Ingres — 135, rue Saint Dominique 75007 Paris
Tél. : 01 45 55 15 05. Fax : 01 45 55 48 42

Achevé d'imprimer en février 2000
sur les presses de l'imprimerie Artes Graficas à Tolède.
Imprimé en Espagne
Dépôt légal : mars 2000
D.L. TO: 268 - 2000